LAUDATE JERUSALEM

www.paroleetsilence.com
ISBN 978-2-88959-424-5

Sous la direction de
William Lindsay Simpson

LAUDATE JERUSALEM

La présence chrétienne en Terre Sainte

Parole et Silence

SOMMAIRE

PRÉFACE PAR LE CARDINAL JEAN-CLAUDE HOLLERICH

Voici un beau livre. « Diversité » et « pédagogie » sont ses maîtres-mots – ils forment un couple qui est essentiel pour l'avenir de nos sociétés. Cet ouvrage y participe. Il regroupe un ensemble de contributions d'auteurs venant d'horizons très différents pour mettre en commun leur savoir sur la Terre sainte – une notion que les trois religions juive, musulmane et chrétienne partagent.

L'organisation des textes nous invite à un véritable voyage : il commence par un échange avec le Grand Rabbin de Luxembourg qui rappelle le sens du mot Jérusalem, « Yerushalayim » en hébreu, et sa place dans la tradition juive.

La présence en Terre sainte des trois plus importantes Églises chrétiennes – orthodoxe, catholique et protestante – est ensuite abordée. Le lecteur peut comprendre les origines de leur enracinement spirituel et matériel respectif mais également saisir les enjeux auxquels elles sont aujourd'hui confrontées mêlant histoire religieuse, dynamiques géopolitiques et défis diplomatiques.

Les bruits du monde et les grands enjeux stratégiques ne sont pas oubliés puisque la parole est donnée aux juristes pour comprendre le statut de Jérusalem en droit international public, puis la position du Luxembourg est exposée par le chef de sa diplomatie. Le Grand-Duché est un petit pays appartenant à la fois à la vieille Europe d'un point de vue géographique mais qui est en même temps une nation avec une existence étatique très récente lui permettant de développer une vision diplomatique et géopolitique originale sur ce sujet.

Le lecteur plus méticuleux pourra également se nourrir de deux contributions plus ciblées, d'une part, sur l'histoire des chrétiens coptes d'Égypte et, d'autre part, sur la question du rétablissement du Patriciat latin de Jérusalem et la renaissance de l'Ordre du Saint-Sépulcre.

Les différents articles, qui sont à l'origine des comptes-rendus de conférences, sont des outils pédagogiques offerts au lecteur pour lui permettre de comprendre les défis que doivent relever les populations chrétiennes vivant actuellement en Terre sainte. Le livre se singularise par la richesse et la diversité de ses contributeurs qui se sont mis ensemble pour promouvoir la Paix dans les lieux mêmes qui ont été foulés par le Christ il y a plus de deux mille ans. Je souhaite une belle diffusion à cet ouvrage ; je remercie et félicite de tout cœur les auteurs ainsi que celui qui en a assuré non seulement la direction mais aussi l'illustration.

† Jean-Claude Cardinal Hollerich
Archevêque de Luxembourg
Président de la COMECE

PROLOGUE PAR LE CARDINAL FERNANDO FILONI

S'occuper de la Terre sainte n'est jamais un fait banal. Cela signifie avoir à cœur une Terre Sacrée pour l'histoire d'une relation, entre Dieu et l'Homme, qui commence par la Révélation du Dieu unique au Peuple élu avant d'impliquer la multitude des Peuples à travers le Christ. Le mystère du Salut a un *« point nodal »* : Jésus, fils de Dieu et fils de l'Homme. C'est là, sur la Terre donnée à Abraham et à sa descendance, que Jésus a pris chair, qu'il a vécu, qu'il a prêché, qu'il est mort et qu'il est ressuscité. C'est l'événement historique le plus important, il n'y en a pas un pareil !

La présence chrétienne est le prolongement de la présence du Christ. Cet ouvrage en illustre certains aspects qui enrichissent la réflexion et la connaissance pour notre génération.

« Laudate Jerusalem », *« Glorifiez Jérusalem ! »*, voici l'aspiration exprimée du fond du cœur par le psalmiste (Psaume 147) qui pensait au Dieu qui avait établi Sa demeure à Sion et que les Pères de l'Église utilisèrent

ensuite pour la Jérusalem Nouvelle porteuse d'une bénédiction pour tous ses enfants à travers une *« parole »* et un *« éclatant message »*.

Jérusalem et la Terre sainte restent pour tout le monde la référence des Juifs, des Chrétiens et des Musulmans, et leur présence est synonyme de rencontre, de paix, et d'accueil. Les Chrétiens ne sont pas les architectes de cette rencontre, de cette paix, de cet accueil (ce rôle revient à Dieu), mais ils sont les ouvriers d'une action généreuse et concrète qui, en tant que Dames et Chevaliers du Saint-Sépulcre, désirent apporter leur aide de manière tangible. Chaque Dame, chaque Chevalier est conscient de cette vocation : c'est un défi à toute forme de tentation qui, dans un contexte souvent marqué par des conflits de territoires, de raisons, de droits et de violation de ces droits, conduirait à choisir son camp en s'opposant à l'autre partie et en augmentant les souffrances et les misères que la Terre sainte garde bien vives en elle comme des cicatrices, si visibles à l'intérieur de ces murs et de ces fils barbelés qui la divisent. L'originalité de cette vocation réside dans le dépassement de ces difficultés : dans l'idée de fraternité, dans la coopération éducative et sociale qui rassemble, dans ce qui dépasse le tribalisme, les différences linguistiques et culturelles et qui se situe au plus profond de l'unicité d'une terre, des peuples qui l'habitent, des différences religieuses, mais aussi dans le message de Dieu qui est Un, miséricordieux et rédempteur. Les Dames et les Chevaliers sont les amis de cette Terre Sacrée. Ils veulent apporter une vision renouvelée de la coexistence. Pour nous, la source c'est

Jésus adolescent qui monte à Jérusalem pour la Pâque avec ses parents. C'est le Christ qui s'émeut devant la Ville Sainte qui n'a pas reconnu celui qui annonçait la paix, c'est le Ressuscité qui s'est montré, certes, souffrant et mourant, mais également vivant.

Ceux qui aiment cette Terre n'ignorent pas que c'est ici qu'est née l'Église. C'est le témoignage d'hommes et de femmes qui ont nourri des espérances et qui, aujourd'hui encore, rendent présent le mystère de grâce de Jésus, tout comme le judaïsme se place dans la continuité de la révélation primitive de Dieu et que l'islam est attaché au Dieu de la Bible.

L'Alliance avec Dieu est devenue globale, et c'est un don pour tous.

† Fernando Cardinal Filoni
Grand-Maître de l'Ordre équestre
du Saint-Sépulcre de Jérusalem

INTRODUCTION

« Laudate Jerusalem » est un ouvrage à la croisée de l'histoire des Églises chrétiennes, de la diplomatie et du droit international.

C'est un ouvrage collectif rassemblant les retranscriptions de sept conférences sur « *La présence chrétienne en Terre sainte* » organisées par la Conférence Saint-Yves[1] de 2016 à 2021 avec le soutien de différentes organisations et représentations diplomatiques, ecclésiastiques et associatives.

Le lecteur pourra ainsi prendre connaissance de la signification de « *Jérusalem* » dans la tradition juive (dont le sens va bien au-delà de « *ville de la paix* ») puis cheminer à travers les siècles en Terre sainte avec les Chrétiens orthodoxes, protestants, catholiques et coptes. L'ouvrage s'achève par une réflexion sur le statut de Jérusalem en droit international et un entretien avec le Ministre des Affaires Étrangères du Grand-Duché de Luxembourg sur la Terre sainte.

---

[1] L'association des avocats et des juristes catholiques au Luxembourg fondée en 1916 (www.csy.lu).

La réalisation de ce livre est le fruit d'un travail commun incluant plus d'une dizaine de contributeurs venant d'horizons très différents (voir la liste en annexe), l'implication de l'Église catholique à Luxembourg (notamment la Nonciature apostolique, l'Ordre du Saint-Sépulcre et les Pères rédemptoristes) mais aussi le soutien logistique et spirituel ainsi que le travail patient de relecture de quelques personnes[2].

En espérant que cette modeste contribution permettra à l'esprit curieux de mieux comprendre l'attachement viscéral, pacifique et œcuménique des Chrétiens à la Terre sainte !

« *Si je t'oublie, ô Jérusalem !* »

William Lindsay Simpson
Coordinateur de l'ouvrage

[2] Le coordinateur de cet ouvrage tient à remercier à cet égard Fr. Ed Hone (Doyen de St Edmund's College, Université de Cambridge), Jacques Klein (Lieutenant de l'Ordre du Saint-Sépulcre au Luxembourg), Mgr Fernand Franck (Archevêque émérite de Luxembourg), et le Petit Comité de la Conférence Saint-Yves pour leur soutien et encouragements respectifs ; Élisabeth Bottin, Marie-Ange Simpson, et Richard Lindsay Simpson pour le travail de relecture ; ainsi que William-Alexandre Toublanc pour son aide dans le travail de retranscription concernant la conférence en droit international.

JÉRUSALEM DANS LA TRADITION JUIVE

L'importance de Jérusalem dans la tradition juive a été abordée par le Grand Rabbin de Luxembourg, Alain Nacache[3], lors d'une conférence organisée par la *Conférence Saint-Yves* le 5 mai 2021 à la Grande synagogue de Luxembourg[4].

Cet exposé a été introduit préalablement par le Président de la Conférence Saint-Yves, William Lindsay Simpson, qui a souligné la nécessité de revenir au point de départ - aux sources de la Foi - afin de redécouvrir la place et le sens de Jérusalem dans l'Ancien Testament.

[3] Originaire du Sud de la France, Alain Nacache a été rabbin à Monaco, à Bordeaux, puis au Luxembourg depuis 2011.

[4] Une recension de la conférence a également été publiée par NACACHE, Alain & SIMPSON, William Lindsay, « *Jérusalem dans la tradition juive* », Trait d'Union - Bulletin d'information des communautés juives du Luxembourg, n°263, 2022, pp. 26-29.

L'OMNIPRÉSENCE DE JÉRUSALEM DANS LA VIE LITURGIQUE JUIVE

Le nom propre « Jérusalem » est mentionné plus de 700 fois dans le canon biblique, et des dizaines de milliers de fois dans la tradition orale.

Cette même tradition orale est composée de l'ensemble des commentaires sur la tradition écrite depuis l'Antiquité jusqu'à nos jours.

L'invocation de Jérusalem est omniprésente dans la liturgie quotidienne. Ce nom est ainsi prononcé plus de 12 fois par jour. Jérusalem est aussi l'orientation de trois fêtes de pèlerinage que sont Pessah, Chavouoth et Souccoth lors desquelles les Juifs se retrouvaient à Jérusalem.

Il ressort donc que le judaïsme est bercé quotidiennement par Jérusalem depuis son réveil jusqu'à son coucher. Mais quelle en est la raison ?

JÉRUSALEM : « LA REPRÉSENTATION INTÈGRE DE L'ABSOLU »

Définition. Jérusalem se prononce en hébreu « Yerushalayim ». Certains traduisent ce terme par « ville de la paix ». Il est plus juste de définir *Yerushalayim* comme « *la représentation intègre de l'Absolu* ». Pour pouvoir mieux comprendre cette définition, il faut faire un détour par Abraham et également un crochet par Ézéchiel.

L'Éternel est ici. Le dernier verset du livre d'Ézéchiel (Ez. 48 : 35) dit : « *Et désormais le nom de la ville sera Adonai Chammah !* ». Le pasteur et théologien protestant Louis Secong traduit ce passage par « *Et, dès ce jour, le nom de la ville sera : l'Éternel est ici* ».

Rachi, un des grands commentateurs des textes bibliques du XIIe siècle, commente ce verset d'Ézéchiel de la manière suivante : « *Son nom sera l'originel, celui qui était le sien depuis le ligotage d'Isaac. Lorsqu'il est dit « yéraé ». Pourquoi ? Elle était alors intègre, c'est donc Yerushalayim* ». Le rabbin Rachi fait ici intervenir le verset de la Genèse lorsque Abraham se dirige vers le Mont Moriah pour égorger son fils. Le verset 22:14 de la Genèse précise à cet égard : « *Abraham dénomma cet endroit : Adonaï-Yiré* [l'Éternel verra] ; *d'où l'on dit aujourd'hui : "Sur le mont d'Adônaï-Yéraé"* [au mont de l'Éternel Il sera vu] ».

L'intégrité. Quel est le lien entre le ligotage d'Isaac, le fait que « *Dieu voit* » et Jérusalem ? Ce lieu dont on parle, le lieu du ligotage d'Isaac, est Jérusalem. Pourquoi ? Car Abraham a exprimé l'intégrité en hébreu « chalem » qui signifie l'intégrité et la cohérence. Dieu sera vu dans son intégrité. Cela ne veut pas dire qu'il sera vu de manière totale et absolue, mais il sera représenté de manière intègre : Yeru chalem.

Quel rapport avec le ligotage d'Isaac ? C'est la différence qu'il y a de « *croire en Dieu* » et de « *croire avec l'aide de Dieu* ». C'est-à-dire que toutes les promesses que l'Éternel fait à Abraham dans le texte reposent sur la tête d'Isaac. Ce qui n'empêche pas à l'Éternel de demander à Abraham de tuer son fils ! Nous pouvons donc nous interroger pourquoi Abraham va obéir à Dieu en amenant son enfant sur l'autel du sacrifice malgré la promesse ? La réponse est que la foi en Dieu d'Abraham se suffit à elle-même. La croyance d'Abraham n'exige pas une manifestation concrète pour témoigner de sa validité et de sa force.

L'ÉLOIGNEMENT DE JÉRUSALEM : LE DÉNI DE JUSTICE ET LA FAUTE

Mais quel est le lien entre Abraham, Dieu et le fait que Jérusalem s'appelle « *l'Intégrité de la représentation de l'absolu* » ?

Dans le verset 18:19 de la Genèse, nous trouvons un passage surprenant où Dieu se parle à lui-même parce qu'il compte détruire la ville de Sodome et Gomorrhe :

« est-ce que je vais cacher cela à Abraham ? ». Pourquoi se pose-t-il cette question ? *« Car je sais qu'il va enseigner à ses enfants et à sa maison après lui de préserver le chemin de l'Éternel en faisant la justice et la loi »*.

Sodome et Gomorrhe. Dieu se dit qu'il ne peut pas cacher cela à Abraham car *« la justice et la loi »* vont passer par lui. Il ne peut pas lui cacher que la destruction de Sodome et Gomorrhe est rendue inéluctable par le fait que ces villes vivent dans un *« déni de justice »*. Il faut savoir que dans le Talmud, qui est le cœur de la tradition orale, il y a deux mots pour caractériser les gens de Sodome et Gomorrhe : *méchants* et *transgresseurs*. Concernant les transgresseurs, il y a ceux qui transgressent avec de l'argent et ceux qui transgressent avec leur corps. Le Talmud ne va pas s'attarder sur les péchés de transgression d'ordre sexuel mais plus sur les péchés liés au déni de justice. On voit en effet que depuis le gardien de chèvres jusqu'au juge de la Cour Suprême, l'injustice règne en maître et c'est cette structure sociétale qui mérite la destruction. Le verset de la Genèse 18:20 précise à cet égard : *« Le cri de Sodome et Gomorrhe est grand et leur faute lourde »*.

Le Talmud raconte cette histoire extraordinaire. Une jeune fille a donné à manger en cachette à des indigents. Elle a été attrapée en flagrant délit par les habitants de Sodome et Gomorrhe. Ces derniers enduisent cette jeune fille de miel en l'attachant près de ruches dans l'intention de lui donner la mort. Elle finit par mourir. Et c'est à ce moment précis que Dieu dit : *« Là, c'est trop »*. C'est l'injustice qui détruit cette société.

La faute de Jérusalem. Dans le Livre des Lamentations, *Yerushalayim* est identifiée au peuple juif. Sion et Jérusalem sont également assimilés. Jérusalem - identifiée au peuple juif - a dévoyé l'orientation de sa loi et le verset 4:6 des Lamentations précise à cet égard : « *La faute de la fille de mon peuple a été plus grande que la faute de Sodome* ». La justice devient une injustice. Alors il faut détruire Jérusalem comme Sodome.

Le Talmud de Babylone dit la chose suivante : « *Depuis le jour où le Temple fut détruit, les hommes d'études ainsi que les honnêtes gens sont devenus honteux. Ils ont baissé la tête. Les hommes de violence se sont imposés ainsi que les démagogues. Plus personne ne cherche à expliquer, à prier, et à savoir. Comme les hédonistes se multipliaient, la justice se dégrada. La conduite des hommes a été pervertie. Il n'y eut plus de tranquillité en ce monde. Comme la partialité des juges augmentait, on cessa d'appliquer les principes tels que : vous ne craindrez aucun homme ; vous n'aurez point d'égard à l'apparence des hommes. Les gens rejetèrent le jour céleste et le remplacèrent par le jour des autres hommes. Les intrigues se multiplièrent dans les tribunaux. La colère du Bien-Aimé grandit. Et sa présence nous abandonna. Plus leurs cœurs se dirigeaient vers leurs propres intérêts, plus ils appelaient le bien mal - et le mal bien. L'autosatisfaction et l'arrogance régnaient. Les disciples des sages se faisaient rares. Et la Torah cherchait des étudiants. Les pots-de-vin et les vindictes injustes devinrent fréquents au détriment du bien. Les gens sans valeur s'élevèrent et ceux qui étaient estimés furent abaissés. Le nombre des égoïstes augmenta en même temps que celui des vautours et des cœurs endurcis. De ceux qui ferment la main quand on leur demande un prêt. Les disciples imparfaitement instruits se multipliaient et augmentaient le nombre des querelles en Israël et la Torah devint comme deux Torah différentes.* ».

On est au cœur ici du « *déni de Justice* ». Les juges sont pervertis et la règle de droit est perçue comme une injustice permanente.

JÉRUSALEM : LA FIDÉLITÉ À UN CHEMINEMENT VERS LA LOI ET LA JUSTICE

Jérusalem : expression de justice. Un verset du Livre d'Isaïe (Is. 1:27) déclare que « *Sion sera rachetée par la loi et ceux qui y retournent par la justice* ». Un autre verset du Livre d'Isaïe (Is. 2:3) indique « *car c'est de Sion que sort la doctrine et de Jérusalem la parole du Seigneur* ».

Dans la tradition juive, Sion désigne ce que l'on appelle la « *Torah écrite* ». Le texte écrit, c'est Sion, qui est immuable. De son côté, Jérusalem désigne la « *tradition orale* ». La Torah orale (la règle de droit) est issue de la bouche du Sanhedrin dont le siège est à Jérusalem et qui dit quelle est la loi. L'oralité a préséance sur l'écrit.

Quelle est la différence entre Jérusalem et Sion ? Avant d'y venir, il est nécessaire de définir ce qu'est la justice. La justice dans la tradition juive est l'harmonie de l'articulation de l'écrit et de l'oral. Dès qu'il y a un grain de sable entre les deux, « on change de religion » : on perd l'exigence.

Il y a deux fondements. Tout d'abord, la *Mitsva*, un mot hébreu qui veut dire l'orientation. L'orientation est immuable (comme le Shabbat est le dernier jour de la semaine, le Kippour jour du Grand Pardon, et Pessah la fête du passage). La *Halakha* constitue les modalités d'expression de la *Mitsva* qui évolue à travers les générations. Ainsi, la parole de Dieu doit pouvoir être renouvelée à chaque génération pour être audible par chacune d'entre elles. Sinon elle reste figée dans un moment de l'histoire. La *Halakha* est ainsi une obligation à chaque génération de renouveler le sens du texte de manière à ce que la parole de Dieu soit audible avec la même intensité qu'à l'époque de Moïse. Pour cela, il faut être à l'écoute de sa génération pour comprendre son questionnement et pouvoir apporter des réponses et des pistes de réflexion à travers la mémoire collective juive qui est sa tradition orale.

Jérusalem : expression de la loi. Lorsque l'on arrive à articuler les deux, la tradition orale et la tradition écrite, alors la règle de droit émerge et devient l'expression de la justice. Elle va dire la loi. Lorsqu'on a cette articulation entre Torah orale et Torah écrite, la règle de droit qui émerge est acceptée et acceptable par le peuple.

C'est lorsque le peuple juif renonce à cet effort de renouvellement du sens, et qu'il choisit de céder d'un côté ou de l'autre, que Jérusalem se pervertit. C'est-à-dire que la représentation de l'Absolu est pervertie parce que la règle de droit qui vient de la justice est également pervertie. On n'est plus dans *Yerushalayim*.

Jérusalem est cette harmonie entre la parole renouvelée et la possibilité d'établir les lois juives sur une terre, lois singulières qui visent à la justice et donc à la cohésion sociale et qui permettent une représentation intègre de l'Absolu.

Si vous séparez la tradition orale et la tradition écrite, Jérusalem perd son sens puisque le geste abrahamique est perverti. Pourquoi ? Parce que je veux que la vérité subjective ou individuelle triomphe. Hors, vous savez que la vérité et la paix ne sont pas des concepts absolus et qu'ils ne peuvent pas cohabiter dans un même temps et dans un même lieu. Ce n'est pas possible. Il n'y a que la justice qui puisse cela.

La sagesse de la Torah, et celle de la règle de droit, c'est de savoir à quel moment je donne préséance à la vérité et à quel moment je donne préséance à la paix. C'est un choix. La règle de droit vient dire cela. Elle vient mettre une cohabitation pacifique entre la vérité et la paix. Dès qu'il y a délitement ou perversion de la règle de droit, il y a tout le système qui se dénature au lieu de se redéfinir. Et Jérusalem est détruite – purement et simplement.

Le peuple juif est celui qui est fidèle au Livre. Pour pouvoir mettre en place toutes les règles de droit collectives, le peuple juif doit pouvoir le faire dans un lieu où il est rassemblé. La sédentarisation physique doit marcher de pair avec une non-sédentarisation intellectuelle. La nation et le peuple doivent continuer à vivre en harmonie. Cependant, si l'on est sédentarisé, on n'a plus besoin d'être « un peuple » en référence au Livre : alors Jérusalem n'est plus. La Jérusalem céleste ou celle de la fin des temps est celle où il y a pacification et harmonie de la relation entre nation et peuple.

CONCLUSION

Les propos du Grand Rabbin ont été nourris par de nombreuses anecdotes dont les fameuses discussions rabbiniques au XVIIIe siècle sur la question de l'utilisation d'un parapluie le jour du Shabbat et sa compatibilité avec la loi. Cette anecdote montre qu'il n'y a pas de judaïsme « hors sol » et que tous les objets et idées proposés par la modernité doivent être passés au crible des cadres de la mémoire juive qu'est sa tradition orale.

D'autres sujets ont également été abordés comme le Temple de Jérusalem, la difficulté de comprendre des notions hébraïques dans un contexte occidental, ou encore le non-sens de la notion de « lieu saint » dans la tradition juive.

La conférence peut se résumer en une idée : *Yerushalayim* ne se limite pas à une définition simple et figée de ville de la paix. La tradition juive nous montre la richesse et le dynamisme de *Yerushalayim* qui est « *l'Intégrité de la représentation de l'Absolu* ».

LE PATRIARCAT GREC ORTHODOXE DE JÉRUSALEM

Le 30 mai 2018, la *Conférence Saint-Yves* a organisé une conférence sur « *Le Patriarcat grec orthodoxe de Jérusalem : histoire, religion et institution* ». L'évènement a eu lieu dans le réfectoire du Couvent des Pères Rédemptoristes à Luxembourg-ville et était sous le haut patronage de l'Ambassade de la République hellénique et de l'Ambassade de la République de Chypre au Luxembourg[5].

Le sujet et l'orateur de la conférence ont été présentés par le Président de la Conférence Saint-Yves et Son Excellence M. Louis-Alcibiade Abatis, Ambassadeur de Grèce au Luxembourg. Le conférencier était le Dr. Konstantinos Papastathis, actuellement professeur assistant dans le département de science politique de l'Université Aristote de Thessalonique et spécialiste du sujet. Il a notamment rédigé sa thèse sur « *La question des Lieux saints en Palestine : de l'Empire ottoman au Mandat britannique, 1914-1931* ».

[5] Une recension de la conférence a été publiée par le Ministère des Affaires étrangères de la République hellénique, voir https://media.gov.gr/louksem-vourgo-ekdilosi-gia-to-ellinorthodokso-patriarcheio-ierosolymon/ (consulté le 25 février 2021 à 7h00).

INTRODUCTION

Le Patriarcat grec orthodoxe de Jérusalem est la plus ancienne entité ou Église chrétienne présente de manière continue en Palestine. Le Patriarcat est juridiquement structuré en une confrérie monastique appelée la *Confrérie du Saint-Sépulcre*.

Le Patriarcat se caractérise par sa mission d'accueil des Chrétiens orientaux ou orthodoxes qui se rendent en pèlerinage en Terre sainte (ils sont des milliers à venir tous les ans), et par la possession et la gestion de nombreux terrains et biens immobiliers en Terre sainte.

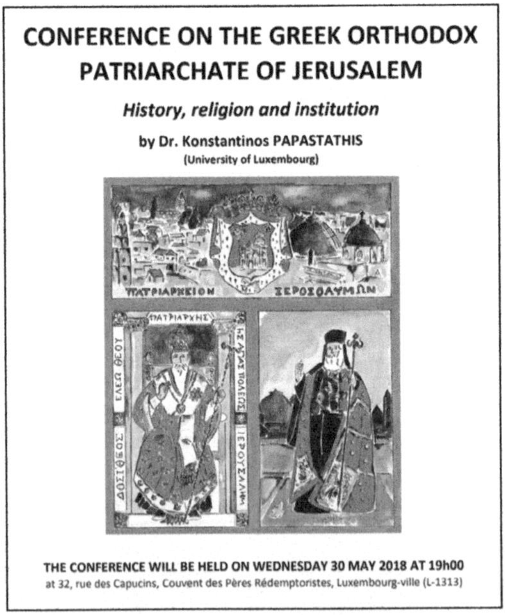

Le but de cette contribution est de résumer l'histoire du Patriarcat du Moyen-Âge au début de la période moderne (1), de présenter l'épineuse question des Lieux saints et du *Statu Quo* aux XVIIIe et XIXe siècles (2), puis d'aborder quelques questions spécifiquement liées au Patriarcat depuis le Mandat britannique comme le caractère national grec de cette institution et sa survie dans un contexte géopolitique complexe (3).

L'HISTOIRE DU PATRIARCAT DU MOYEN-ÂGE AU DÉBUT DE LA PÉRIODE MODERNE

Apogée du Patriarcat. Le Patriarcat de Jérusalem est à son apogée au début de la période médiévale de l'empire byzantin (qui existe depuis l'an 330). Cette situation est le fruit de différents facteurs : l'autorité symbolique que va prendre progressivement Jérusalem en tant que lieu de naissance du christianisme, le mouvement continu et incessant de pèlerins chrétiens, la croissance du monachisme oriental, la protection politique offerte par l'Empire byzantin au Patriarcat, le pouvoir structurant exercé par la religion chrétienne orientale en tant qu'élément unificateur du corps social, ainsi que la prospérité économique résultant du soutien financier de Constantinople. Tous ces différents éléments vont contribuer à l'élévation de l'Église locale de Jérusalem en un « Patriarcat » à l'occasion du quatrième concile œcuménique (au même titre que les Patriarcats de Rome, Constantinople, Alexandrie et Antioche).

Conquête arabe. La conquête de la Palestine et son intégration dans l'empire arabe en 638 marque un changement radical pour le Patriarcat de Jérusalem. Dorénavant, le Patriarcat n'opère plus dans les limites d'un État chrétien mais au sein d'une entité étatique musulmane. L'avenir du Patriarcat est dorénavant soumis à un équilibre fragile entre les pouvoirs et les influences arabes et byzantines. Les Arabes ont adopté des positions parfois contradictoires vis-à-vis des Chrétiens en Terre sainte. Ainsi, le conquérant de Jérusalem Omar Ibn-Khattab (584- 644) a appliqué les enseignements de l'islam qui sont de respecter les religions du Livre. À l'inverse, l'Église de Jérusalem a lourdement souffert sous le règne du calife Al-Hakim (985-1021) durant lequel une grande partie des sanctuaires chrétiens a été endommagée. Mais de manière générale, il ressort que le Patriarcat de Jérusalem a conservé son statut privilégié sous l'Empire arabe et a bénéficié d'un traitement préférentiel de la part des califes arabes.

Schisme. C'est pendant la domination arabe que la division entre les Catholiques latins et les Églises orthodoxes s'est considérablement renforcée. Cette scission, qui est née de désaccords doctrinaux et théologiques, a été aggravée par les rivalités politiques entre Rome et Constantinople amenant une division irrémédiable de la Chrétienté en deux Églises distinctes. Il est cependant difficile de mesurer l'impact concret du Schisme en Terre sainte et plus particulièrement à Jérusalem. L'histoire est silencieuse à ce sujet. Il convient de rappeler que la division entre les communautés chrétiennes orthodoxes et romaines en raison du Schisme s'est graduellement mise en place et n'a pas forcement eu d'impact direct dès cette époque en Terre sainte.

Croisades. La véritable césure dans l'histoire du Patriarcat a été la conquête de Jérusalem par les Croisés en 1099. Le clergé catholique romain, ou latin comme le Moyen-Orient l'appelle, s'est établi en Terre sainte.

La création du Patriarcat latin par les Croisés a eu pour conséquence que ce dernier a assumé toutes les responsabilités et compétences du Patriarcat grec orthodoxe. Suite à cela, le patriarche grec orthodoxe s'est installé à Constantinople pendant qu'un petit nombre de moines est resté en Terre sainte afin de répondre aux besoins de la communauté orthodoxe locale.

Conquête Mamelouk. L'occupation de la Palestine par les Mamelouks en 1244 a mis fin à l'existence du Patriarcat latin. Le clergé latin a été expulsé et les Orthodoxes sont revenus et ont retrouvé leur place comme institution religieuse dominante à Jérusalem. Les Mamelouks ont tout de même autorisé une présence latine en Terre sainte en acceptant la présence de moines franciscains par un droit de garde sur la basilique du Saint-Sépulcre. La fameuse *Custodia di Terra Sancta* est ainsi née en 1342. En même temps, les clercs et les moines d'autres Églises chrétiennes, comme les Arméniens, les Coptes et les Éthiopiens, mais aussi des Orthodoxes n'ayant pas Constantinople comme point de référence politique (comme les Serbes, les Géorgiens, ...) se sont installés à Jérusalem. Ils ont à leur tour commencé à revendiquer des droits de garde sur les Lieux saints.

Ces nombreux changements effectués suite à la fin des États croisés latins (et du Patriarcat latin) ont été le point de départ d'un long conflit entre les différentes Églises chrétiennes pour la domination des sanctuaires chrétiens en Terre sainte.

Politique de la Sublime Porte. La présente contribution n'a pas pour but d'examiner en détail la liste des revendications des multiples communautés chrétiennes sur les Lieux saints. Il convient toutefois de noter que durant les XVIe et XVIIe siècles, la politique de la Sublime Porte a été de renforcer les tensions entre les différentes Églises chrétiennes en octroyant de manière alternative des droits de garde sur les sanctuaires chrétiens. Ainsi la Porte a publié des édits contradictoires (*firmans*), parfois sur la base de faux documents, et a adapté sa politique suivant les pressions politiques et diplomatiques du moment, le tout dans un contexte de corruption massive.

Les Capitulations. Il convient également de rappeler l'existence des Capitulations. Il s'agit en l'espèce d'une succession d'accords entre l'Empire ottoman et les puissances européennes qui ouvraient des droits et des privilèges aux Chrétiens résidant dans les possessions ottomanes. Le système des Capitulations a permis aux grandes nations chrétiennes de jouer un rôle majeur en s'érigeant comme protecteurs de leurs coreligionnaires au sein de l'État ottoman. Cela a été tout particulièrement le cas de la France pour les Catholiques et de la Russie pour les Orthodoxes.

L'ÉPINEUSE QUESTION DES LIEUX SAINTS ET LE STATU QUO (XVIIIe SIÈCLE – XIXe SIÈCLE)

Définition du Statu Quo. La promulgation du *Statu Quo* au XIXe siècle met fin, dans une certaine mesure, aux conflits entre les Églises chrétiennes. Selon Sir Lionel George Arthur Cust, le terme *Statu Quo* comprend : *« les arrangements existant en 1852, correspondant au Statu Quo de 1757, concernant les droits et privilèges des communautés* *chrétiennes officiant dans les Lieux saints, qui doivent être observés de la façon la plus minutieuse, notamment en ce qui concerne la pratique liturgique de chaque rite à cette époque célébrée de manière publique, mais aussi incluant la décoration des autels et de sanctuaires, l'utilisation de lampes, de candélabres, de tapisseries et d'images, et couvrant également l'exercice des actes de propriété et les usages les plus infimes qui doivent tous rester inchangés »*. Selon l'accord du Statu Quo, le Patriarcat grec orthodoxe est le principal gardien des sanctuaires en Terre sainte incluant la basilique du Saint-Sépulcre et l'église de la Nativité.

Reconnaissance du Statu Quo. La doctrine du Statu Quo, notamment en tant que norme juridique faisant autorité, est progressivement acceptée par l'ensemble de la communauté internationale suite aux traités de Paris (1856) et de Berlin (1878). La complexité de la question des Lieux saints a conduit la diplomatie européenne à la considérer comme une *Boîte de Pandore* : la meilleure approche diplomatique sur ce sujet hautement sensible étant de reporter toute décision ou solution.

Il convient de noter que l'absence d'une codification des droits et privilèges de chaque Église a eu pour conséquence de créer différentes interprétations du Statu Quo sur les points qui n'ont pas été explicitement abordés par cet accord. À titre d'illustration, un certain nombre de règles ont été clarifiées avec une grande précision - voir notamment les compétences des différentes Églises sur le Golgotha - mais des carences existent comme la question de la responsabilité du nettoyage de l'église de la Nativité qui était (et reste) un cas de controverse sans fin !

Application et instrumentalisation du Statu Quo. L'idée derrière le Statu Quo est de considérer qu'en cas de litige, les réponses préexistent dans la mesure où l'accord décrit la situation *de facto* concernant les différents droits des Églises sur les Lieux saints. Cependant, le *de facto* n'est pas le *de jure* (le droit applicable à une situation donnée) et les faits peuvent être facilement contestés comme étant incorrects ou faux. La modification partielle du Statu Quo *in situ* (sur place) est devenue possible en créant de nouveaux « faits sur le terrain ». Sur ce point, les Nations européennes sont parvenues à un consensus concernant les principales controverses sur les Lieux saints. Mais elles ont conservé la possibilité d'intervenir sur des points non résolus par le Statu Quo. Ainsi, les Nations européennes ont volontairement instrumentalisé les droits réels ou imaginaires de leurs coreligionnaires dans le but d'intervenir dans la politique ottomane et promouvoir leurs propres objectifs diplomatiques et politiques. À titre d'illustration, la diplomatie russe a utilisé la violation des droits de l'Église orthodoxe sur les Lieux saints à Jérusalem comme raison officielle pour justifier la guerre de Crimée (1853-1856).

LA SITUATION DU PATRIARCAT DEPUIS LE MANDAT BRITANNIQUE

L'Église orthodoxe sous le Mandat britannique.

Politique britannique. L'occupation britannique de la Palestine à partir de 1917 a modifié la donne : la nouvelle administration n'a aucun intérêt à remuer l'épineuse question des Lieux saints. En effet, l'enjeu crucial pour la Couronne est la promotion du mouvement sioniste et son soutien logistique et toute modification du Statu Quo peut alors remettre en question la paix sociale en Palestine. De plus, toute immixtion concernant le Statu Quo peut créer pour les autres Nations européennes une occasion d'intervenir dans la gestion de la Palestine mandataire. La stratégie britannique repose donc sur deux principes : la préservation à tout prix du Statu Quo et l'abolition des Capitulations.

L'alliance entre le Patriarcat et la puissance mandataire. Dans la mesure où Londres veille au respect des droits des Orthodoxes sur les Lieux saints, le Patriarcat orthodoxe soutient pleinement le Mandat britannique. Sur cette question, le Premier ministre Lloyd George a clairement indiqué que la Grande-Bretagne est l'alliée de la communauté orthodoxe laissée sans protection politique depuis l'avènement du communisme en Russie. De son côté, le Saint-Siège - qui a le soutien de la France, de l'Italie et de la Belgique - est en faveur de la modification du Statu Quo. Par conséquent, l'alliance du Patriarcat orthodoxe avec le gouvernement mandataire de Palestine est la seule option politique raisonnable pour les Orthodoxes face à la menace de perdre leur prédominance sur les sanctuaires.

Les responsables du Patriarcat orthodoxe ont accepté toutes les immixtions des Britanniques dans les affaires du Patriarcat et ils ont coopéré avec eux. Le Patriarcat orthodoxe a ainsi soutenu dans son mémorandum envoyé aux Conférences de Paix (organisées à l'issue de la Première Guerre mondiale) le point de vue britannique sur la nécessité d'un contrôle direct de Londres sur la Palestine. De même, les fonctionnaires travaillant au Patriarcat orthodoxe ont collaboré avec les Britanniques sur la question de la *Commission internationale des Lieux saints*. Concernant cette Commission, l'Article 14 du Mandat sur la Palestine prévoit qu'elle « *sera nommée par la Puissance mandataire, à l'effet d'étudier, définir et régler tous droits et réclamations concernant les Lieux saints, ainsi que les différentes communautés religieuses en Palestine* ». Cette Commission présente alors une menace réelle pour le contrôle britannique sur les affaires religieuses de la Palestine, et le soutien du Patriarcat est précieux.

On peut retenir l'existence d'un compromis entre le Patriarcat orthodoxe et les Britanniques. La puissance mandataire a protégé les droits des Orthodoxes sur les Lieux saints. Et le Patriarcat a soutenu la création de l'administration britannique et la promotion de sa politique. Ce compromis, sur base de concessions mutuelles, s'est avéré pleinement efficace pour le Patriarcat orthodoxe et le maintien du Statu Quo.

L'hellénisation du Patriarcat Orthodoxe.

La Confrérie du Saint-Sépulcre. La conquête ottomane de la Palestine en 1517 marque un changement dans la structure interne de l'Église de Jérusalem. D'un côté, il y a la « Confrérie du Saint-Sépulcre » qui est l'organisation ecclésiastique en charge de représenter l'Église orthodoxe à Jérusalem, tandis que son administration va étroitement se lier au Patriarcat œcuménique de Constantinople.

Fonctionnement du Patriarcat. Dès lors, et jusqu'au milieu du XIXe siècle, le Patriarche orthodoxe de Jérusalem réside à Constantinople. Il est élu par un Synode local et dirige le Patriarcat depuis Constantinople où est concentré l'ensemble des pouvoirs de l'Empire ottoman. En parallèle, la hiérarchie orthodoxe de Jérusalem a noué de solides liens avec l'Empire russe qui leur offre une protection politique importante et nécessaire au sein de l'État ottoman, ainsi que des revenus extérieurs conséquents.

Ces développements concomitants ont pour conséquence que d'une part les clercs venus du Patriarcat œcuménique de Constantinople ont tout naturellement été nommés et ont travaillé au sein du Patriarcat orthodoxe de Jérusalem. Ce dernier s'est ainsi graduellement « hellénisé » et cette hellénisation s'est effectuée en même temps que l'édification et la prise de conscience du nationalisme grec. D'autre part, le clergé paroissial indigène (c'est-à-dire arabe) et les laïcs ont été exclus progressivement puis définitivement du gouvernement du Patriarcat.

Contestation de l'influence grecque. Suite à cela, une partie importante de la population orthodoxe a quitté l'Orthodoxie pour rejoindre les Catholiques ou les Églises protestantes. Ces conversions étaient motivées par une opposition à l'hellénisation du Patriarcat mais aussi par la renaissance des missions latines depuis le milieu du XIXe siècle en Terre sainte. De surcroît, la protection et le soutien financier russe ont donné à Saint-Pétersbourg l'occasion d'intervenir dans les affaires patriarcales en créant une dépendance partielle du Patriarcat de Jérusalem à la Russie. Ces différents éléments ont eu un impact majeur dans la construction et la cristallisation d'une identité arabe orthodoxe distincte. Cette dernière s'est définie selon des critères ethniques et par opposition à la hiérarchie grecque perçue comme « étrangère ».

Arabisation du Patriarcat. Selon les Arabes orthodoxes, la domination grecque sur le Patriarcat est un impérialisme culturel et doit cesser. La communauté arabe orthodoxe revendique progressivement, avec le soutien de la Russie, la suppression de la hiérarchie grecque et la prise de contrôle du pouvoir ecclésiastique par les Arabes indigènes. Ce mouvement est décrit comme le mouvement ou le processus d'*arabisation* du Patriarcat. Les revendications arabes sont également liées à la gestion financière du Patriarcat qui est sous le contrôle exclusif du clergé grec. Pour les Arabes orthodoxes, la hiérarchie grecque administre les affaires patriarcales en favorisant ses propres intérêts. La communauté arabe orthodoxe a donc demandé la co-administration des finances et le contrôle de la vente des terres.

Toutefois, cette question n'est pas seulement une question d'accès aux principales sources de revenus, mais constitue un des problèmes parmi les nombreux points contentieux dans la rivalité arabo-sioniste pour la domination de la Palestine. En effet, la gestion des biens fonciers orthodoxes est liée aux tensions israélo-palestiniennes dans la mesure où une partie importante de Jérusalem-Ouest et des colonies israéliennes proches de

Bethléem sont construites sur des terres patriarcales et que près d'un tiers des bâtiments de la vieille ville sont des propriétés du Patriarcat.

Influence de l'ethnophylétisme grec. Il convient de souligner que le clergé grec est historiquement sous l'influence de l'ethnophylétisme *Helléno-Orthodoxia*[6]. Ce concept prône une relation consubstantielle entre l'orthodoxie et la nation hellénique : l'un présuppose l'autre - Orthodoxe et Grec sont des termes interchangeables. Suivant cette approche, toutes les institutions orthodoxes du Proche-Orient (Constantinople, Alexandrie, Antioche et Jérusalem) doivent rester entre les mains des Grecs orthodoxes. Le développement de *l'Helléno-Orthodoxie* au sein de la Confrérie du Saint-Sépulcre de Jérusalem a pour conséquence de voir toutes les autres Nations orthodoxes (par exemple, les Arabes orthodoxes, les Russes, etc.) comme des « étrangers ». La revendication des autres nations orthodoxes de se rassembler en une communauté ecclésiale commune a été diabolisée et traitée comme une tentative de corrompre la pureté religieuse, alors identifiée comme orthodoxe grecque.

Les laïcs arabes orthodoxes. Pendant le mandat britannique, les laïcs arabes orthodoxes ont cru en la possibilité d'une ouverture sur ce point. Cette revendication s'est insérée dans l'agenda des nationalistes palestiniens. Elle s'est traduite concrètement par l'implication des laïcs orthodoxes dans des associations

[6] L'ethnophylétisme est l'hérésie (condamnée en tant que telle par un synode inter-orthodoxe) qui fait qu'on aime son peuple, son ethnie, plus que le Christ.

musulmanes-chrétiennes ou encore avec l'organisation de congrès arabes orthodoxes dont le premier s'est tenu à Haïfa en juillet 1923. Les Orthodoxes arabes demandent alors : (I) l'administration conjointe du Patriarcat avec les Grecs orthodoxes, (II) la cogestion des finances et des propriétés foncières, (III) une plus grande participation dans le processus de sélection et d'élection du Patriarche, ainsi (IV) que l'admission de prêtres arabes dans la Confrérie du Saint-Sépulcre de Jérusalem.

Face aux doléances des Arabes orthodoxes, l'administration britannique a tergiversé. Au début du Mandat, ils ont suivi une position pro-arabe. Ils n'ont pas accepté le préfixe « grec » au titre officiel du Patriarcat, rejetant ainsi le caractère national de l'institution. L'administration mandataire a ensuite soutenu les nouvelles règles ecclésiales qui ouvraient la porte à certaines revendications arabes. Enfin, ils ont promu l'idée d'institutionnaliser une procédure électorale révisée permettant une plus large participation des Arabes orthodoxes.

Cependant, de 1938 à 1939, on observe un changement d'approche de la part des Britanniques qui deviennent progressivement plus favorable aux Grecs. Ce changement est lié à la nouvelle donne géopolitique. Ainsi, suivant William Randel (chef du département au *Colonial Office*), les Britanniques ont plus à gagner d'un point de vue géopolitique en accordant des faveurs à Athènes à la veille de la Seconde Guerre mondiale. Il n'y a alors plus grand-chose à attendre de la part de la communauté arabe orthodoxe qui est devenue progressivement hostile à l'administration britannique comme le démontre sa participation à la révolte arabe de 1936-1939.

En conclusion, la position et l'influence du clergé grec au sein du Patriarcat pendant le Mandat britannique sont restées inchangées. Est-ce que cette situation et l'approche patriarcale étaient pérennes pour l'avenir ? Cela reste une question ouverte.

La survie du Patriarcat entre la Jordanie et Israël.

Corpus separatum et Statu Quo. Après la Seconde Guerre mondiale, la résolution 181 approuvée par les membres de l'Organisation des Nations Unies prévoit que la ville de Jérusalem et sa proche banlieue seront placées sous contrôle international en tant que *corpus separatum.*

Le Patriarcat a vu cette proposition négativement dans la mesure où elle améliore la position du Saint-Siège concernant le Statu Quo. Toutefois, le plan de partage n'a jamais été appliqué, et la vieille ville de Jérusalem a été incorporée dans le Royaume hachémite de Jordanie. Cela a eu un double effet positif pour le Patriarcat. Tout d'abord, les Jordaniens ont respecté le Statu Quo de manière absolue afin d'éviter de donner le moindre prétexte d'ingérence par des puissances étrangères. De plus, une guerre diplomatique entre la Jordanie et Israël était en cours pour obtenir le soutien de la Communauté internationale. La Grèce était un État pro-arabe et n'avait pas reconnu l'État hébreu. Dans ce contexte, les Jordaniens considéraient le soutien du Patriarcat comme un geste de bonne volonté envers leur allié grec.

La loi fondamentale de 1958. Dans ce contexte, la nouvelle loi jordanienne réglementant le Patriarcat (Loi numéro 27 du 23 mars 1958) n'a pas changé l'équilibre des pouvoirs au sein de la communauté orthodoxe. Cette loi est composée de trente-cinq articles couvrant la structure organisationnelle de l'institution (obligations du Patriarche, institution du Saint Synode de Jérusalem, la Confrérie du Saint-Sépulcre, ...), l'administration patriarcale ainsi que les affaires financières. Un accent spécial est mis sur l'obligation du Patriarcat d'admettre des Arabes orthodoxes dans la Confrérie du Saint-Sépulcre (article 28.3).

Mais dans les faits, la hiérarchie grecque n'a pas perdu son pouvoir vis-à-vis des laïcs palestiniens et la loi de 1958 est toujours en vigueur malgré le changement de régime de la vieille ville de Jérusalem après 1967.

L'occupation depuis 1967. L'occupation israélienne à partir de 1967 a eu un impact important sur le fonctionnement du Patriarcat. À partir de ce moment, le Statu Quo n'est plus reconnu comme faisant partie du cadre juridique applicable. Dans la pratique, Israël n'a pas touché aux différentes dispositions du Statu Quo et s'est même assuré que le Statu Quo est bien appliqué.

Cependant, en cas d'une éventuelle violation du Statu Quo, aucune disposition légale n'oblige Israël à intervenir. Ainsi, seul l'Accord fondamental entre le Saint-Siège et l'État d'Israël fait explicitement référence au respect du Statu Quo. Mais cette clause s'applique-t-elle aux droits et privilèges des autres Églises chrétiennes ? C'est une question qui demeure sans réponse encore aujourd'hui.

Il convient de noter que l'actuelle domination israélienne signifie que le contrôle grec sur l'administration du Patriarcat n'est pas remis en question. Cela explique probablement la neutralité adoptée par le Patriarcat orthodoxe par rapport à la question palestinienne. Tout en soutenant, au moins en théorie, la cause palestinienne, le Patriarcat entretient dans la pratique des relations cordiales et échange avec l'État d'Israël.

CONCLUSION : L'AVENIR DU PATRIARCAT

De par son ancienneté, son autorité religieuse, sa structure et son rôle diplomatique, le Patriarcat orthodoxe de Jérusalem est l'une des plus importantes institutions chrétiennes du Moyen-Orient.

Aujourd'hui, la situation est plus contrastée : la communauté orthodoxe est en déclin et le Patriarcat orthodoxe, comme presque toutes les institutions chrétiennes du Moyen-Orient, doit s'adapter et faire face à de nombreux problèmes.

Pour assurer sa continuité, le Patriarcat doit renforcer ses liens avec les autres Églises chrétiennes. Cette condition est plus ou moins remplie dans la mesure où, après des siècles de controverse, les Églises chrétiennes présentes en Terre sainte coopèrent sereinement et efficacement sur un certain nombre de sujets et respectent leurs droits respectifs en ce qui concerne la mise en œuvre du Statu Quo.

De plus, le Patriarcat doit trouver des soutiens politiques efficaces dans la mesure où Israël poursuit ses propres objectifs et que l'Administration palestinienne n'a aucun pouvoir réel. La Grèce et Chypre, qui sont étroitement liés au Patriarcat, ont une influence très modérée sur le cours des affaires internationales.

L'Union européenne peut prendre ce rôle de protecteur et offrir les garanties diplomatiques adéquates au Christianisme orthodoxe oriental. Si elle ne le fait pas, alors la Russie a le champ libre pour intervenir. Si le Patriarcat orthodoxe ne trouve pas de soutien extérieur, alors il nous faut envisager un possible futur de la Terre sainte et des Lieux saints sans présence chrétienne.

THE PROTESTANT BISHOPRIC IN JERUSALEM

On 11 November 2019, a public lecture was organised in Luxembourg on "*The Protestant bishopric in Jerusalem : Its origins, development and legacy*" under the patronage of the British and the German Embassies in Luxembourg[7].

A word of welcome was given by the President of the *Conférence Saint-Yves*, the Luxembourg Catholic law society. Then Judge Ian Forrester QC[8] introduced the lecture by qualifying the Prussian-English Anglican Bishopric in Jerusalem as an "*obscure subject*". The main speaker was Reverend Doctor Martin Lückhoff, a pastor in the Evangelical Church in Germany who has extensively written on the Protestant Bishopric in Jerusalem[9].

---

[7] The event was organised in the Convent of the Redemptorist fathers in Luxembourg-city by the *Conférence Saint-Yves* with the support of the Anglican Church and the English-speaking Catholic parish of Luxembourg.

[8] Ian Forrester was judge at the Tribunal of the European Union from 2015 to 2020 and is elder in the Scottish Church.

[9] Martin Lückhoff is the Dean of the church group of the Hanau district of the Evangelical Church of Kurhessen-Waldeck (Germany). In relation to his publications, see notably: LÜCKHOFF, Martin, Anglikaner und Protestanten im Heiligen Land. Das gemeinsame Bistum Jerusalem (1841–1886), Harrassowitz Verlag, Wiesbaden, 1998, pp. 1- 357.

Dr. Lückhoff spoke to a large audience composed of lawyers, diplomats but also parishioners.

INTRODUCTION BY JUDGE FORRESTER

Improbable routes to Jerusalem. Judge Forrester described the way he became first acquainted with Jerusalem. As a junior lawyer he was sent to Jerusalem to

work on a legal case relating to the hijacking of a plane by Palestinian guerrillas. He outlined that the speaker of the conference, Dr. Martin Lückhoff, became also interested in Jerusalem by an equally improbable route that was archaeology. Dr. Lückhoff was initially interested in the history of architecture notably in the buildings in Jerusalem during the Victorian era which involved at some point the Protestant bishopric of Jerusalem.

Politics and religion in Britain (1830s). Judge Forrester drew a parallel between contemporary United Kingdom and its political situation in the early XIXth century. He jokingly said that "*If you think that the UK in Brexit mood is an excitable place, you should think of the 1830s when everything was in political turmoil !*" He listed the various changes which occurred in Britain at that time (the Great Reform Bill, the Antislavery movement, ...) but also the disturbances and changes on the Continent (bloodless Belgian Revolution, riots, ...).

There was a feeling that established Churches had lost their way in addressing to the industrial masses of the great cities. However, several charismatic speakers emerged who could speak to crowds such as Thomas Chalmers in Scotland or John Henry Newman in England. They had the power to convey evangelical faith and enthusiasm to the people.

In relation to Newman, he converted to the Roman Catholic faith and stated that the creation of the Prussian-Anglican Bishopric in Jerusalem was confirmation to him that he was right to leave the Church of England and to move to Rome.

European religious rivalry in the Holy Land. There was an intense rivalry between Rome and the Protestant Churches. The Holy Land was, however, one of the very few places where such tensions manifested themselves.

The Prussian King Frederick William IV had a strong wish to see evangelisation in the Holy Land, but he realised that individual action was less effective than a coordinated approach. So he needed allies and summoned one of his favourite diplomats, Christian Charles von Bunsen. Bunsen was sent to England, as you will hear, and spoke to the leading politicians of the day such as Melbourne, Peel, Aberdeen, or Ashworth.

The establishment of the Bishopric. In an astonishing short period of time, it was decided to establish the Bishopric. Funding was obtained. There were no witnesses interestingly. Some saw in this project an opportunity for commercial expansion. Others were afraid of inflaming relations with other Churches. So it is a mixture of predictable emotions, narrowness on the part of the Ottoman representative in Jerusalem and also narrowness on the part of the Orthodox Church, who had for long been responsible for the custody of the Holy sites.

New organisations, like the *London Society for Promoting Christianity among the Jews* or the *Church Missionary Society*, were extremely enthusiastic.

Despite the political tension, a candidate was found. This first candidate was astonishingly qualified, and he was appointed as first bishop. And off he went to Jerusalem. Reverend Doctor Martin Lückhoff, who is probably the world expert on the subject, will provide us with the whole story.

THE HISTORY OF THE PROTESTANT BISHOPRIC IN JERUSALEM BY MARTIN LÜCKHOFF

A unique historical event. If you walk through Jerusalem today, you can still see the Prussian presence such as the

Church of the Redeemer which was built between 1892 to 1898 on land given by the King of Prussia.

This lecture provides the opportunity to go back to the roots of Prussian history in Jerusalem and the creation of the "*Anglo-Prussian Bishopric in Jerusalem*" which is a unique historical event to the extent :

– it is one of the most successful examples of British and Prussian cooperation in the XIXth century. Despite misunderstandings and conflicts, the two countries cooperated for almost 45 years !

– it is an important event in the history of the Holy Land in the XIXth century. Indeed, after the erection of the Bishopric in 1841, missionary societies, other Christian denominations and scientists rediscovered the Holy Land. Craftsmen, teachers, and doctors were sent to the Holy Land to support the area while using the structure of the so-called "Protestant Bishopric".

Political and Religious interest. Everything started with General Bonaparte's campaign in Egypt in 1798. Since then, the European nations have demonstrated a growing interest in Jerusalem and created political and religious connections in the Holy Land.

The number of those who visited the Holy Land in the 1820s and 1830s increased significantly. Political interest in Jerusalem went hand in hand with the renewed religious interest in the land where Jesus lived, walked, and suffered. And also as the city of the Bible where the first Christian community was founded. This renewed interest led to the foundation of the Protestant Bishopric.

The dramatic political developments in Palestine in the first half of the XIXth century were instrumental. These included the weakness of the Ottoman Empire, the Muhammad Ali crisis of 1830, and the direct attempt by European powers to influence directly the destiny of the region.

In addition to this new political interest, new religious motivations for the Holy Land also emerged.

In the Anglican Church, the *London Society for Promoting Christianity among the Jews* was created with the aim of converting Jews to Christianity. Further, within the Jewish communities, the third return to Zion was discussed. In this respect, debates were initiated on the best way to develop Jewish identity as including the following two choices : an assimilation in Europe or the settling in the Near East. Further, the newly appointed Prussian King Frederick William IV tried to use this political constellation for the benefit of the Protestant Churches.

In addition to England for whom the religious component was a priority along with economic and foreign policy interests, the Prussian King also had strong religious motivation for the Holy Land and its Christian inhabitants.

Prussian plans for the Bishopric. Frederick William IV and his long-time friend, the Prussian diplomat von Bunsen, saw in the fall of the Ottoman Empire the hand of God.

For both, this was a unique opportunity to improve the condition and the situation of Protestant Christianity in the Holy Land.

A cooperation between Prussia and England would be astute and would enable :
– to successfully recognise Protestantism as an officially accepted religion (as a *Millet*) in the Ottoman Empire and achieve equal footing with other Christian denominations.
– to create a Protestant or Prussian Bishopric in Jerusalem under the patronage of the Anglican Church which would serve as a protectorate for all Protestant denominations in the Holy Land. Lutheran and reformed Churches would therefore be under one roof when carrying their missionary work in Palestine while maintaining their own independence and national autonomy.

This was the background for Bunsen's semi-official mission to London. During the planning of such diplomatic negotiations, plans for an exclusive German Bishopric in Nazareth or Bethlehem were contemplated. The creation of the Anglican Bishopric was considered by the Prussians as a first indispensable step on the way to an independent German mission in Palestine.

Unity in Protestant Faith. Frederick William IV had strong views on the unity of Protestant Faith which were not shared in Prussia. The unity of the Protestant Faith was a constant theme between the Prussian King and Bunsen. It was understood that the unity of Faith should not impact individually the Protestant Churches which should keep their own national distinctions, confessional expressions, and full autonomy. The king and Bunsen understood the Anglican Church as being a Protestant Church. They both wished that the Prussian and the

Anglican Churches appeared to the public as one united Church regardless of natural and confessional differences.

When reading some notes and comments of Frederick William IV, they seem quite naive and utopian. The Prussian King stressed many times the uniqueness of each of the Churches and their independent mission in the pursuit of the Kingdom of God and he saw no inconsistency in the elevation of a common bishopric in Jerusalem.

The Prussian King viewed the creation of the bishopric as a first step for the German presence in Palestine under which missionary, pastoral, medical, and educational projects could be initiated.

The London negotiations. Interests and expectations were reviewed during the negotiations. The differences between the Church of England and the Church of Prussia and their legal differences came to light. These difficulties will accompany the history of the bishopric.

Frederick William IV and Bunsen regarded the Anglican Church as being Protestant. However, the Anglicans had some reservations and did not consider that the non-episcopal continental Protestantism shared an equal footing with the Anglican Church. The German clergy did not welcome the fact that they had to work under the jurisdiction of an Anglican bishop.

The success of Bunsen's negotiations can be credited to his understanding of the different interests of England in the

Holy Land and his ability to accommodate such interests. Bunsen was the Prussian Ambassador in the United Kingdom. He was an expert in "networking" and was aware of all the geopolitical, political, and religious issues of the time (encompassing the Indian expansion, the relations with Russia and France,...). The extensive contacts he made during his extensive diplomatic career greatly benefited him during these negotiations.

An agreement considering the interests of both parties. The creation of the bishopric was an alliance of interests and intentions between the two countries. Both sides agreed that the Jerusalem bishopric would be an Anglican bishopric and that no written agreement was needed.

From the German side, only the Charter of Endowment issued by the Prussian King (granting 15.000 British pounds to pay for the costs of the Bishopric) was legally binding. While from the English side, only a technical agreement was signed within the Anglican Church between the Anglican seats of Canterbury and London (the diocese of London oversaw the overseas Anglican dioceses).

Bunsen and the archbishop of Canterbury William Howley made separate statements confirming their intention to create the Jerusalem Bishopric and providing an outline on the future cooperative project.

According to the agreement reached by the two parties, the new bishop would receive an Anglican ordination.

Archbishop Howley and Bunsen took great care in choosing the first bishop.

The Archbishop of Canterbury was technically the superior of the Bishop of Jerusalem and could veto any Prussian nominee. The Bishop of Jerusalem would provide protection and would include in its jurisdictions all the Protestant pastors and missionaries active in the region. In this respect, the Bishop's jurisdiction would cover the dioceses of Syria, Palestine, Chaldea, Egypt, and Abyssinia. These effectively cover the territory of the 12 tribes of Jerusalem. The bishopric was also expressly instructed to seek good relations with the oriental sister Churches.

The expectations of England in relation to the creation of the Bishopric were quite different from those of Prussia. England was motivated by the restoration of the Jews in the Holy land. This aim was supported by the political powers in place but also by missionary societies such as the *London Society for Promoting Christianity among the Jews* and the *Church Missionary Society* and many others. The spokesman of the *London Society for Promoting Christianity among the Jews* referred to the prophetical promise of the return of the Jews to the land of their ancestors. Working together for the conversion of the Jews under one roof in the Holy land was acceptable to the Prussians and the British.

It was also in the interest of the English Foreign Policy to push back the influence of Catholic France in the Eastern Mediterranean and to stop the Russian influence over the Ottoman Empire.

But raising criticism. The English reaction to the foundation of the bishopric brought to light unresolved issues raised by the project notably in relation to the English Church in the mid-XIXth century.

Some theologians greeted the project positively, for example Thomas Arnold, a figure of the Oxford Movement (a High Church movement which developed into Anglo-Catholicism) and also having some German theology influences. However, other figures, such as the British statesman William Gladstone (also representative of the High Church), became strongly critical of the project.

The sharpest criticism was formed by John Henry Newman. He regarded this cooperation with Protestant Prussia as an apostasy. He saw this project as a violation of the Anglican concept of "Church" which prohibited any union between the Anglican Church with a Continental reformed Church.

Criticisms also emerged in Germany where the German Catholics criticized the project with sarcasm as they viewed this initiative as an attempt to transplant the ancient church hierarchy in Germany.

This said, the creation of the Protestant bishopric overtook the Catholic in the Holy land which pushed them to intensify their own role and presence in Jerusalem and to erect the Latin Patriarchate of Jerusalem in 1847.

In addition to the criticism of the Catholic press, protestant pastors also viewed the subordination of a Prussian parish under the auspices of an Anglican bishop as unacceptable. In this respect, they regarded the Prussian Church as the mother of Reformation and the Anglican Church as its younger sister.

Finally, it is worth recalling that Bunsen, a fascinating industrious man, had an extremely high opinion of himself and he negotiated with the British the establishment of the Bishopric at any cost and especially at the expense of severe misunderstandings between the parties. The fact that no agreement was signed between the parties is an example.

Jerusalem in the 1840s. Jerusalem in 1840 was like a "third world city". In 1840-1845, there were 2 000-3 000 inhabitants in the Old City of Jerusalem. The city of Jerusalem was unsafe and the doors of Jerusalem had to be closed every evening because of Bedouin intrusions. The largest Jewish community lived in Jaffa, not in Jerusalem.

The importance of the Holy places was viewed at the time by the European nations, and also by several Christian authorities, as a question of power and not a religious issue. Relations between the Christian communities in Jerusalem were terrible.

Only the British and the German consulates were installed at the time within the Old-City. A member of the German Consulate wrote to his wife stating "*I am on the moon*" noting that Jerusalem was dirty and the water undrinkable. Jerusalem was clearly not an attractive place and it is only from the 1860s that things started to change.

The first Bishop. Pursuant to the agreement, England was entitled to appoint the first Bishop. The Archbishop of Canterbury ordained Michael Solomon Alexander. Alexander appeared to be the perfect candidate on the paper. Born in Prussia as a Jew, he emigrated to England in the 1820s where he converted to Christianity and was ordained in the Anglican Church. He maintained good relations with the London-based missionary societies.

He was appointed in 1841. The start of his official duties took place under extremely difficult circumstances. He was a Bishop without a Church. His Parish consisted of a handful of converts.

The London negotiators had no idea of the on-site situation in Jerusalem. It quickly appeared that Alexander was also ignorant of Jerusalem and its customs and exhibited a lack of experience and skills which led him to take a series of bad decisions. Strong tensions appeared between the Orthodox and the Protestant Bishopric especially when his successor Gobat started creating local schools.

He entertained poor relations as from the start with the local Jewish community and the Ottoman authority in Jerusalem. On this point, he entered in the city without the permission of the municipal authorities, and they refused subsequently to cooperate for his lack of diplomacy. In addition, Bishop Alexander was in bad terms with the British Consulate and the Prussian government.

Facing such an unsuccessful attempt, Berlin was contemplating to end the agreement with the Anglican Church and the newly erected bishopric. Only Bishop Alexander's sudden death in November 1845 after just 4 years changed the course of action.

Bishop Samuel Gobat. According to the Agreement, the king of Prussia had the right to choose the next Bishop of Jerusalem. He selected the Swiss Methodist missionary Samuel Gobat, who had already made himself a name in Southern Abyssinia in the 1820s. The choice of the Prussian king soon moved to be a truly fortunate decision. Gobat was a practical man with a lot of experience. He can be considered as the leading figure who influenced German Protestantism in Palestine in the XIXth century.

He quickly came under the fire of criticism of the British. Indeed, Gobat did not see his pastoral mission as just limited to the conversion of the Jews (which was largely unsuccessful) but rather embracing a general work of evangelisation. He ended up being remarkably successful in converting the people of the other Christian communities living in Jerusalem.

During his more than 30 years tenure, Bishop Gobat was remarkably successful amongst the Arabic speaking population. He spread charitable and pastoral care enabling the creation of many social, medical, and educational activities. For instance, he created the first day school for girls in the region but also supported the erection of schools, hospitals, orphanages, and nurseries. He enabled the successful planning and growth of the Arab protestant parishes as well as a German parish.

The last years of his tenure, Bishop Gobat was less productive due to economic and political difficulties within the Ottoman empire, declining European interests, and the nationalisation of German activities in Palestine. The German French war of 1870-1871 also influenced the work of the Protestants in the Holy Land.

Bishop Joseph Barclay. The activities of the third and last bishop of the English-Prussian bishopric in Jerusalem are an epilogue. Bishop Barclay was unable to perform his pastoral mission during his one and half year tenure. After his death, the negotiations to appoint his successor came to no conclusion.

The agreement establishing the English-Prussian bishopric ended in 1886 after four decades of existence. The Bishopric was vacant from 1881 to 1887. Thereafter, a new Bishop was appointed under the sole Anglican auspices. It is noteworthy that the first native Palestinian Anglican bishop was appointed during the XXth century.

The causes explaining the end of the Protestant bishopric. The erection of the bishopric was not based on a written agreement and had no legal basis. Unresolved legal questions and inadequate structures undermined the functioning of the bishopric from the beginning.

From the English side : the interest in the Protestant bishopric vanished because of Gobat's choices, notably leaving the main agreed mission which was to evangelise the Jews, and his bad relations with the British Consulate.

From the German side : already during the last years of the Gobat tenure, intense discussions on the future of the bishopric were organised in Berlin. In Jerusalem itself, a strict separation was made between the English, the German, and the Arabic speaking parishes. The German parishes which had been increasing in numbers gained their autonomy with the help of the German institutions but not through the support of the Bishopric. Such development could already be noticed during the visit of the Crown Prince in 1869 in Jerusalem.

The legacy of the English Prussian bishopric is strong. Indeed, this enabled to raise interest in Europe on the importance of Jerusalem and the Holy Land. Such an awareness resulted in the creation of new educational, spiritual, and medical facilities in the Holy City.

CONCLUSION

The Jerusalem Mount Zion Protestant Cemetery is the only remaining relic of this fruitful cooperation and is still administered by both sides even if no legal arrangements are in place.

The foundation of the Bishopric was a great turning point in the XIXth century of the Holy Land challenging the other Christian denominations (the Catholics and the

Orthodox) which created subsequently respectively the Latin Patriarchate and missions in Jerusalem. Above all, this project has shown that cooperation between two different Churches and countries was possible and can be shown still today as an example to all the Christian denominations.

LA PRÉSENCE CATHOLIQUE EN TERRE SAINTE

La *Conférence Saint-Yves* et la lieutenance luxembourgeoise de l'*Ordre Équestre du Saint-Sépulcre de Jérusalem* ont organisé une conférence sur « *La présence catholique en Terre sainte, aspects historiques, religieux et géopolitiques* ». Cet évènement a eu lieu le 8 octobre 2020 en l'église Saint-Alphonse à Luxembourg-ville (dans l'église même en raison de la COVID) et était sous le haut patronage de la Nonciature apostolique au Luxembourg (qui est l'Ambassade du Saint-Siège auprès du Grand-Duché de Luxembourg).

Cette conférence a été introduite par Mgr Augustine Kasujja, Nonce apostolique pour le Luxembourg. Il a rappelé l'importance de la Terre sainte pour le Siège Apostolique et sa politique continue de soutien auprès des populations catholiques de Terre sainte.

Son propos a été suivi par une présentation de Madame Emmanuelle de Foy, diplomate belge, qui s'est penchée sur la présence des Catholiques en Terre sainte aujourd'hui et les impacts géopolitiques que cela implique.

Enfin, le Dr. Karène Sanchez, Maître de conférences en histoire à l'Université de Leiden, a rappelé l'interconnexion qui existe entre les Catholiques européens et arabes de Terre sainte en se basant sur l'histoire des Catholiques en Terre sainte durant le mandat britannique au début du XXe siècle.

L'IMPORTANCE DE LA TERRE SAINTE POUR LE SAINT-SIÈGE PAR MGR AUGUSTINE KASUJJA

Mgr Augustine Kasujja est d'origine ougandaise. Après avoir étudié à l'Académie pontificale ecclésiastique de Rome (qui forme les futurs diplomates du Saint-Siège), il a travaillé dans de nombreuses nonciatures à travers le monde. Il a été nommé Nonce apostolique auprès du Royaume de Belgique et du Grand-Duché de Luxembourg en 2016.

Mgr Kasujja a introduit son propos en rappelant que la continuité de la présence catholique en Terre sainte est vitale pour le Saint-Siège.

À titre d'illustration, lorsque les visiteurs pénètrent dans les Palais Apostoliques au Vatican et qu'ils sont autorisés à accéder au troisième étage, ils passent devant les nombreuses et intéressantes cartes géographiques qui ont été peintes aux XVIe et XVIIe siècles pour représenter *l'Orbe Catholique* d'alors. Arrivés devant la porte de la Secrétairerie d'État, beaucoup s'étonnent de ce que la carte représentant la Terre sainte soit la seule entièrement recouverte de feuilles d'or. C'est là le témoignage muet mais si éloquent de ce que représente et représentera toujours la Terre sainte pour l'Église.

Car, la Terre sainte est le lieu de la réalisation de la Promesse, celle de l'Incarnation, de la mort et de la Résurrection de Jésus-Christ, unique Médiateur entre Dieu et les hommes de tous les temps. L'Église reconnaît que cette Terre sacrée pour elle, l'est aussi pour les autres grandes religions monothéistes. L'histoire complexe du Proche-Orient, qui inclut la Terre sainte, est traversée, depuis les temps bibliques, par des affrontements et des réconciliations entre les peuples, des paix et des guerres larvées ou déclarées, d'enjeux avouables ou de manœuvres occultes.

Jérusalem : Ville de la Paix et symbole de rencontre. C'est dans ce contexte que le Saint-Siège tient à la présence catholique en Terre sainte. Dans le Discours adressé aux diplomates accrédités par le Saint-Siège en date du 9 janvier 2020, le Pape François a ainsi déclaré, en évoquant sa visite au Maroc le 30 mars 2019 : « *Paix et espérance ont été* [...] *au centre de ma visite* [et] *avec sa Majesté le Roi Mohammed VI, j'ai signé un appel conjoint sur Jérusalem, "reconnaissant l'unicité et la sacralité de Jérusalem et ayant à cœur sa signification spirituelle et sa vocation particulière de Ville de la Paix". De Jérusalem, Ville chère aux fidèles des trois religions monothéistes, appelée à être un lieu symbole de rencontre et de coexistence pacifique où se cultivent le respect réciproque et le dialogue, ma pensée ne peut que s'étendre à toute la Terre sainte, pour rappeler l'urgence à ce que toute la communauté internationale, avec courage et sincérité et dans le respect du droit international, reconfirme son plein soutien au processus de paix israélo-palestinien* ».

Position du Saint-Siège et statut de Jérusalem. Concrètement, la diplomatie du Saint-Siège désire préserver l'unicité de la Cité sainte de Jérusalem et la dimension religieuse internationale des Lieux saints ouverts à tous les croyants surtout Juifs, Musulmans et Chrétiens, et garanties par les résolutions de la communauté internationale aux Nations Unies ainsi que par le dialogue constructif entre les parties concernées, c'est-à-dire les Israéliens et les Palestiniens. Il s'agit, entre autres, de la Résolution 478 du Conseil de Sécurité des Nations Unies du 20 août 1980, et de la Résolution de l'Assemblée Générale des Nations Unies du 21 décembre 2017.

Cela confirme aussi les principes manifestés dans le Document sur la Fraternité Humaine qui a été signé à Abu-Dhabi le 4 février 2019 par le Pape François et le Grand Imam de Al-Azhar.

Que signifie pour l'Église « être présente en Terre sainte » ? L'Église catholique est présente en Terre sainte grâce à la générosité des différentes communautés catholiques du monde, à travers ses nombreux centres d'études scientifiques de haut niveau, ses universités et centres spirituels, ses nombreux religieux et religieuses, ses personnes consacrées. Chacun pour sa part déploie sur la Terre du Christ le charisme qui est le sien (enseignement, charité, santé, ou encore accompagnement) afin de contribuer à ce que la Terre sainte réponde à sa Mission symbolique et prophétique.

Selon le Rapport annuel de la Congrégation pour les Églises Orientales, il est à noter que pour l'année 2019 par exemple, la collecte effectuée pour la Terre sainte dans l'ensemble des communautés catholiques du monde a rapporté quelques 7 millions de dollars destinés au maintien des Lieux saints, des centres culturels et d'éducation (comme l'Université de Bethléem) ainsi qu'aux bourses d'études en faveur de plus de 300 élèves en formation dans les instituts universitaires et les collèges. L'Église de Terre sainte vit aussi des dons des pèlerins et du tourisme. Toutefois, la fermeture des frontières et des Lieux saints depuis le commencement de la pandémie de COVID-19 (depuis février 2020) a beaucoup fragilisé toute la région. La Custodie Franciscaine de la Terre sainte et le Patriarcat Latin qui emploient environ 1100 personnes dans les écoles ainsi que pour l'assistance aux pèlerins et aux touristes dans les Lieux saints, surtout sur le Territoire palestinien, a dû réduire les salaires de 50% pour éviter le licenciement total de ses employés par manque de fonds. Du côté israélien, l'État a mis en place le chômage technique.

Conclusion. Mgr Augustine Kasujja a conclu son propos en précisant que la présence actuelle des Catholiques en Terre sainte est fragile et doit être consolidée inlassablement et qu'il encourage tous les hommes et les femmes de bonne volonté qui entendent faire de la Terre de Jésus-Christ le berceau de prière, de recherche de paix et d'espérance ainsi que de dialogue inter-religieux et interculturel.

LES CATHOLIQUES EN TERRE SAINTE AUJOURD'HUI PAR EMMANUELLE DE FOY

Madame Emmanuelle de Foy est une diplomate belge. Elle a été en poste au Consulat du Royaume de Belgique à Jérusalem de 2002 à 2006. C'est à ce titre qu'elle a exposé la situation des Catholiques vivant aujourd'hui en Terre sainte mais aussi partagé son expérience diplomatique lorsqu'elle était en poste à Jérusalem.

Lors de son arrivée à Jérusalem en 2002, Madame de Foy rappelle à l'auditoire que c'était l'époque de l'après 11 septembre 2001 et de la politique extérieure américaine « expansionniste » (les guerres préventives, la deuxième guerre du Golfe en 2003, ...). Au niveau des

Israéliens, les évènements se bousculaient également avec le désengagement de Gaza et dans certaines autres colonies en 2005, les 10 ans de l'assassinat de l'ancien Premier ministre d'Israël Yitzhak Rabin, et la tombée dans le coma du Premier ministre Ariel Sharon. Du côté palestinien, c'était la fin de la deuxième Intifada qui avait commencé en 2000, l'érection du mur que l'on appelait alors la « barrière de sécurité », la mort de Yasser Arafat en 2004 et les élections palestiniennes. C'étaient des temps compliqués pour le Moyen-Orient.

La présence catholique en Terre sainte s'inscrit dans une histoire longue. Historiquement, les Catholiques sont présents en Terre sainte à travers les communautés de religieux et de religieuses qui y sont installés depuis de nombreux siècles. Il s'agit principalement des Franciscains avec la Custodie de Terre sainte, des Dominicains avec l'École biblique de Jérusalem, des Bénédictins d'Abou Gosh et des Frères des Écoles chrétiennes. Le Vatican est également directement présent par sa Délégation apostolique qui se trouve sur le Mont des Oliviers et sa Nonciature à Tel Aviv.

La présence catholique existe également indirectement à travers les consulats « latins » de Jérusalem - dans la continuité étatique de ces États ayant un passé et une tradition catholique multiséculaire - que sont les consulats de la France, de l'Italie, de la Belgique et de l'Espagne. Pour rappel, les représentations diplomatiques à Jérusalem se sont fixées à la fin de la présence ottomane et sont compétentes pour Jérusalem, la Cisjordanie et Gaza. Au moment de la création de l'État d'Israël, en raison du *Corpus Separatum*, les ambassades accréditées auprès de l'État hébreu n'ont pas pu s'installer à Jérusalem mais à Tel Aviv. Parmi les consulats les plus anciens, on retrouve les consulats latins qui disposent encore de certains privilèges au sein de l'Église. Ainsi, à titre d'exemple, lors de la messe de Noël qui est célébrée dans l'église latine de Bethléem, des places sont assignées aux représentants des quatre consulats latins. Leur présence est requise en plus de celle de l'Autorité palestinienne.

D'un point de vue géopolitique, les populations catholiques en Terre sainte sont regroupées dans différents endroits : Jérusalem (dans le quartier chrétien de la vieille ville de Jérusalem), à Nazareth en Israël, dans les petits villages palestiniens de Bethléem, Beit Jala et Beit Sahour. Il y a également Taybeh près de Ramallah (où l'on fabrique la bière) et à Gaza.

Les principales communautés catholiques en Terre sainte. Les Franciscains constituent la plus grande communauté religieuse catholique en Terre sainte. Leur *Lingua Franca* est l'italien et leur communauté est constituée de religieux venant de toutes les parties du monde. Ils disposent d'un important monastère dans la vieille ville de Jérusalem (près de la Porte Neuve). Ils sont présents depuis de nombreux siècles et ont la garde (la « custode ») des Lieux saints avec notamment la garde partagée du Saint-Sépulcre et de la basilique de la Nativité à Bethléem. Parmi les nombreuses autre Églises chrétiennes présentes en Terre sainte (les Protestants, les

Syriaques, ...), les Franciscains officient souvent comme arbitre lorsqu'il y a des tensions. À titre anecdotique, la fête patronale de saint François d'Assise (le 4 octobre), fondateur de l'Ordre franciscain, est célébrée avec un certain faste (une dizaine de plats sont servis à de nombreux hôtes dont les membres des représentations diplomatiques). Lors de cet évènement, les discours sont prononcés par les frères dominicains qui leur font honneur de leur amitié.

Puis viennent les Dominicains. L'École biblique et archéologique française (EBAF), fondée et dirigée par l'ordre dominicain, est présente à Jérusalem depuis 1890. Ils se trouvent dans le Couvent Saint Etienne (sur la *Naplouse Road*). Il offre un rayonnement important en raison de leur travail sur la Bible dans le pays de la Bible. Ils effectuent aussi des missions archéologiques notamment à Gaza. L'EBAF dispose également d'une importante bibliothèque qui a reçu un soutien financier de la Commission européenne en 2001 (sous la présidence de Romano Prodi).

Ensuite, il convient de souligner la présence des Frères des écoles chrétiennes. C'est une congrégation qui a été fondée à Reims en 1680 par saint Jean-Baptiste de La Salle et est vouée à l'enseignement et à la formation des jeunes. Ils sont présents depuis la fin du XIXe siècle à Jérusalem, Jaffa, Nazareth et Bethléem. Le collège de Bethléem a été transformé en université en 1964 suite à la visite historique du pape Paul VI en Terre sainte afin de lutter contre l'exode des Catholiques de Terre sainte.

C'est aujourd'hui la seule université catholique en Terre sainte. Enfin, les Bénédictins sont présents en Terre sainte depuis la fin du XIXe siècle dans l'abbaye Sainte-Marie de la Résurrection d'Abou Gosh qui se situe entre Jérusalem et Tel Aviv. Ce sont des moines bénédictins venus de l'abbaye de Belloc qui se sont installés dans une ancienne église croisée. Ils ont été remplacés dans les années 1970 par des moines de l'abbaye du Bec-Hellouin. La communauté est originale dans la mesure où elle est mixte. Ainsi, moines et moniales vivent en deux communautés voisines distinctes mais se rassemblent pour les offices.

Un soutien continu de la présence catholique en Terre sainte - et au-delà. Il ressort qu'il existe une présence constante des Catholiques en Terre sainte qui est le fruit d'une volonté tenace de garantir un foyer chrétien sur les lieux de la naissance et de la vie du Christ. Madame de Foy s'est livrée à un parallèle intéressant : les Américains depuis la guerre du Kippour se sont engagés à soutenir militairement Israël en assurant à l'État hébreu un soutien constant afin que ce dernier dispose en permanence d'une supériorité militaire dans la région (la doctrine du *Qualitative Military Edge* - QMR). Si les États-Unis sont fournisseurs de sécurité, les Européens et les Catholiques sont de leur côté fournisseurs d'humanité, d'enseignement, et de protection de valeurs.

À côté de cela, l'organisation des Nations Unies est fournisseur de stabilité notamment dans le rôle important qu'elle joue auprès des réfugiés palestiniens qui sont partis en exil depuis la création de l'État d'Israël. Pour mémoire, l'agence onusienne en charge de les soutenir s'appelle UNRWA (*United Nations Relief and Works Agency for Palestine Refugees in the Near East*). Elle est gérée par les Nations Unies et est financée par la communauté internationale.

Le soutien de l'Union européenne est moins visible et plus lent dans sa mise en œuvre. Face aux menaces concrètes d'annexion de terrains qui sont aux mains des colonies israéliennes, l'Union européenne a réussi à mettre en place un cadre de discussion pertinent : le format Munich (composé de la France, de l'Allemagne, de l'Égypte et de la Jordanie). Ils ont mis au point en 2020 un *option paper* suivant lequel si certains territoires sont annexés par Israël, l'Union européenne disposera d'une liste de tous les différents accords de coopérations, d'échanges, et autres avantages commerciaux, scientifiques ou culturels entre l'UE et Israël. Au fur et à mesure que les terrains sont annexés, ces accords seront suspendus.

Il ressort que les autres dénominations chrétiennes, au même titre que les Catholiques, sont présents et actifs en Terre sainte. Cet effort continu a été initié dans les années 1840 suite à la déstabilisation de la Palestine par Méhémet-Ali et du progressif déclin de l'Empire ottoman. À cet égard, l'épisode des États croisés peut être également pris en compte. Cette présence a rebondi dans les années 1970 suite à une dégradation importante de la situation des Chrétiens en Terre sainte. Les Orthodoxes sont présents mais de manière plus diffuse. Une grande partie de la terre leur appartient (comme la Knesset). Ils ont une présence monastique importante incluant les ermites de la vallée du Jourdain près de Jéricho. Les Protestants sont également actifs (voir notamment leur maison d'accueil - la Pilger Haus - sur le Lac de Tibériade).

Madame de Foy a conclu son propos en rappelant que le conflit israélo-palestinien est pris en otage par des éléments extérieurs. À partir de la mi-XIXe, les Européens ont pris cette région en otage. Cela a été renforcé par la partition en deux zones territoriales par l'Empire britannique et la France après la chute de l'Empire ottoman. Aujourd'hui, ce sont les diasporas aux États-Unis et en Europe qui reprennent cette région en otage, rendant ce conflit extrêmement complexe en raison de nombreuses ramifications. À cet égard, l'intervention des États-Unis est de plus en plus dépendante des enjeux électoraux et soumise à des lobbies intérieurs puissants (évangéliques, ...).

L'INTERCONNEXION ENTRE LES CATHOLIQUES EUROPÉENS ET ARABES DE TERRE SAINTE PAR LE DR. KARÈNE SANCHEZ

Le Dr. Karène Sanchez-Summerer est Maître de conférences à l'Université de Leiden aux Pays-Bas. Elle a rédigé un premier doctorat d'histoire sur la présence missionnaire dans le sud de la Palestine au contact des communautés juives et musulmanes pendant la fin de la période ottomane et la période mandataire. Elle a continué son travail avec la rédaction d'un second doctorat abordant la question des enjeux entre langues, éducation et identités à travers les écoles en Palestine durant le Mandat britannique.

Le Dr. Sanchez a abordé un aspect-clé pour comprendre la présence des Catholiques en Terre sainte aujourd'hui : il s'agit de la diplomatie culturelle des États européens, et de son impact sur les Chrétiens arabes en Palestine du début des années 1920 jusqu'en 1948. Elle nous propose ainsi d'effectuer un voyage dans le temps, avant la création de l'État d'Israël, afin de saisir la vie culturelle et les différentes dynamiques des communautés catholiques et orthodoxes qui étaient alors en pleine effervescence.

Au préalable, il convient de rappeler que la notion de Terre sainte s'étend déjà à l'époque bien au-delà de ce qui est appelé aujourd'hui Israël et les territoires palestiniens. En fait, la Terre sainte a des répercussions sur l'ensemble de la zone que l'on appelle le Proche-Orient couvrant ce que nous connaissons aujourd'hui comme le Liban, la Syrie, la Jordanie et une partie de l'Égypte.

La présence chrétienne dans la Palestine mandataire est une réalité (entre 10 et 30% de la population dans certaines zones) avec notamment les Catholiques latins et les Melkites (des Grecs catholiques qui se sont rattachés à Rome au XVIIIe siècle) et les Orthodoxes. Les Protestants sont très minoritaires.

C'est une terre qui est exceptionnellement interconnectée en raison de son statut de Terre sainte avec l'Europe et bien au-delà. Son statut de « *Terre promise* » pour la population juive à partir du début du XXe siècle va renforcer cette tendance.

Le prisme de la culture. Il y a une véritable difficulté à décrire l'histoire des populations et des communautés chrétiennes vivant en Palestine aussi bien arabe qu'européenne. C'est notamment par le prisme de l'histoire culturelle que les spécificités de cette population pourront être progressivement identifiées.

La Palestine se trouve au milieu de dynamiques culturelles extrêmement riches entres les sphères culturelles arabe, européenne et juive. Concernant cette dernière, elle se consolide avec le début de l'immigration juive et du protonationalisme juif.

Les Chrétiens vont également se retrouver impliqués dans cette dynamique culturelle avec la mise en place d'une véritable « *promotion culturelle* » des communautés chrétiennes arabes. Cela a été possible dans la mesure où les autorités britanniques, en charge alors de la gestion du Mandat sur la Palestine, ont surtout travaillé avec les communautés juives et arabes musulmanes. Les communautés chrétiennes ont été laissées à l'écart de leurs politiques communautaires. Elles vont ainsi avoir les coudées franches pour s'investir activement dans cette promotion de la vie culturelle.

Le contexte de l'après première guerre mondiale va intensifier cette tendance. Ainsi, les relations internationales vont se lier à l'idéologie politique et la rivalité entre les États européens va prendre une dimension culturelle.

Ce phénomène est permis également par la naissance d'une classe moyenne urbaine pendant l'entre-deux-guerres. Ainsi, de nombreux Chrétiens arabes vont être demandeurs d'une éducation de qualité, d'un enseignement des langues étrangères et d'une vie culturelle et religieuse.

C'est dans ce contexte particulier que les acteurs religieux supranationaux vont jouer un rôle capital. Le Saint-Siège pour les Catholiques et les Patriarcats orthodoxes pour les Orthodoxes vont ainsi promouvoir divers programmes linguistiques et culturels en investissant dans des associations religieuses et culturelles. L'agenda oriental du Saint-Siège en est un exemple avec la création de l'Institut pontifical oriental en 1917 ainsi que la Congrégation pour les Églises orientales. Ces deux instituts vont véritablement œuvrer et former les populations chrétiennes arabes.

Diplomatie culturelle en Terre sainte. De nombreuses questions peuvent se poser sur ces communautés chrétiennes vivant en Palestine. Quel type de « *culture nationale* » les Chrétiens palestiniens avaient-ils ? Dans quels types « *d'échanges culturels internationaux* » étaient-ils insérés ? Quelle était la compréhension de ces communautés par les missionnaires européens au début du siècle dernier ? Le rôle des États européens était-il important ? Ces États avaient une diplomatie culturelle et des questions se posent sur la mise en œuvre de telles politiques culturelles. Ainsi, la création et le soutien d'écoles en Palestine a été particulièrement efficace et a touché de multiples générations.

C'est par le prisme d'une histoire connectée que l'on arrive à avoir une vision nuancée et réelle de ces communautés qui prend en compte véritablement tout l'agenda de ces Chrétiens locaux et leurs contacts avec les autres communautés religieuses. C'est une histoire qui n'est pas seulement écrite d'un point de vue européen. C'est une histoire qui n'est pas nationale mais le résultats d'influences dans lesquels les Chrétiens arabes sont acteurs. La République française, l'Italie fasciste, les communautés religieuses et les Russes (d'avant les révolutions bolchéviques) ont tous été impliqués.

L'influence de la France en Palestine. Maurice Barrès déclarait au début des années 1920 que la Palestine était « *la plus française des terres d'Orient* ». La perception française de la Palestine est reconnue non seulement par les partis catholiques mais aussi par les laïcs français se souvenant toujours qu'à cette époque « *l'anticléricalisme n'est pas un article d'exportation* ».

Dans cette Palestine ottomane (1870-1918) puis britannique (1918-1948), il y a un développement exceptionnel des congrégations françaises (qui enseignent notamment le français). Ces congrégations sont perçues par les Chrétiens arabes comme les précurseurs de l'éducation moderne. Il y a une grande diversité dans l'offre d'éducation et une véritable prise en compte de l'identité arabe de ces populations chrétiennes par certains de ces établissements. À titre d'exemple, les Sœurs du Rosaire vont s'adresser dès les années 1880 uniquement aux populations autochtones arabes palestiniennes. Elles vont même avoir des saintes parmi elles (comme Sainte Alphonsine qui a été canonisée récemment) et vont mettre en place tout un programme culturel et linguistique arabe.

Il y a de très nombreux établissements religieux français à Jérusalem avec notamment une forte concentration sur les activités d'enseignement. La présence des écoles françaises est fondamentale pour la France car c'est le seul moyen d'influence que possède la diplomatie française dans un territoire qui est sous mandat britannique. Le journaliste et diplomate Robert de Caix s'exprimait ainsi en 1920 à propos de la position de la France en Palestine : *« C'est sur la conservation des établissements des religieux français et du caractère résolument français de leur enseignement que nous devons concentrer nos efforts. C'est là qu'est le réduit de notre influence. »*.

Luttes culturelle et linguistique autour des populations chrétiennes. Les écoles chrétiennes de toute la Palestine mandataire se trouvent ainsi au milieu de luttes d'influences culturelles et linguistiques autour et émanant des populations chrétiennes. Il y a des jeux et des interactions très complexes allant de la coopération à la confrontation parfois entre notamment les acteurs religieux, non-religieux et les différents consulats.

Le nationalisme arabe en est un exemple probant. Alors que le Vatican conseille de ne pas se mêler de cette question, certaines écoles se trouvent *de facto* impliquées par cette question (par l'enseignement de la langue arabe, le type de sujets choisis, etc.). Il y a des concurrences très ouvertes comme les Catholiques allemands, les écoles anglicanes, les scouts arabes et les clubs sportifs (qui ont un agenda très nationaliste). Tout ceci crée des mouvements de langues très complexes : le phénomène d'arabisation, de francophonie et d'anglicisation. Ce sont des populations chrétiennes qui sont donc tiraillées et extrêmement cosmopolites.

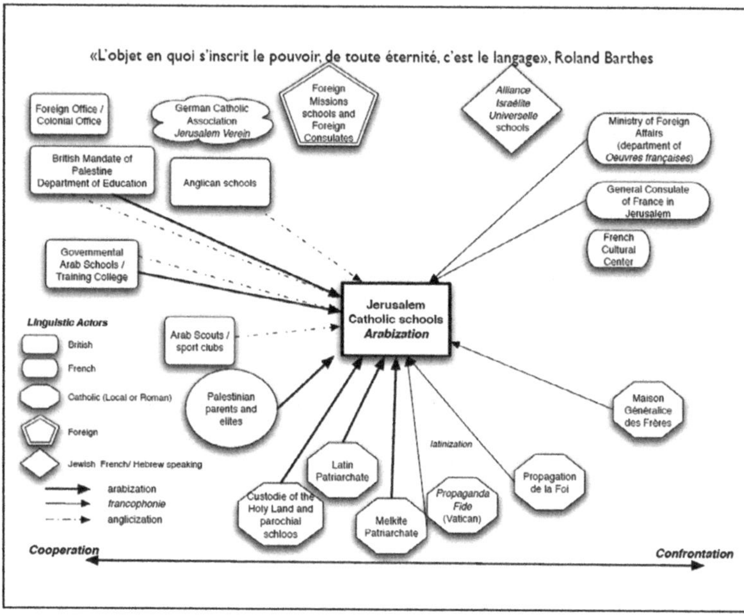

Les dynamiques culturelles et leurs conséquences. Il y a une dimension non-officielle et même secrète des premiers agendas culturels. Ainsi, la diffusion d'une langue ne va pas se quantifier à la maîtrise réelle de cette dernière par les locaux mais plus sur le prestige même associé à cette langue.

De surcroît, il y a une lutte au sein des communautés chrétiennes palestiniennes entre un particularisme (ce christianisme palestinien / cette Terre sainte) et la notion d'universalité (de Rome pour les Catholiques mais aussi du Patriarcat avec la référence à Athènes pour les Orthodoxes).

Les défis du nationalisme / transnationalisme. Les conflits arabo-israéliens, les exils et les tensions qui en résultent vont créer un terreau compliqué aussi bien pour les populations chrétiennes, les mouvements religieux et les représentants des nations étrangères. Les visites officielles, comme celle du pape Paul VI en 1964, deviennent des moments très importants avec une portée symbolique durable.

Pour les Chrétiens arabes, ils se trouvent dans des conflits à plusieurs niveaux : ils sont tiraillés entre leur sentiment nationaliste, leur attachement communautaire et leur inclinaison religieuse. Ainsi, les Catholiques se trouvent pris en tenaille par différentes causes : les intérêts de Rome, les intérêts nationaux des puissances européennes catholiques mais aussi les intérêts des Musulmans palestiniens.

LE RÉTABLISSEMENT DU PATRIARCAT LATIN DE JÉRUSALEM

Ce travail est le fruit de plusieurs conférences données par William Lindsay Simpson[10] pour l'Ordre équestre du Saint-Sépulcre de Jérusalem sur le rétablissement du Patriarcat latin de Jérusalem[11].

INTRODUCTION

Pourquoi le Saint-Siège a-t-il décidé de rétablir le Patriarcat latin de Jérusalem en 1847 ? Est-ce une simple décision de réorganisation administrative décidée subitement par le pape d'alors, le bienheureux Pie IX ? Ou le fruit d'une longue réflexion menée au Saint-Siège ?

---

[10] William Lindsay SIMPSON, est avocat de formation (Barreau de Luxembourg) et diplômé de l'Institut d'Études Politiques d'Aix-en-Provence et du King's College de Londres. Il est actuellement Conseiller juridique dans une banque nord-américaine et Président de la Conférence Saint-Yves.

[11] Une version synthétique de cet article a été publiée par le Patriarcat latin de Jérusalem à l'occasion de ses 170 ans : voir https://www.lpj.org/1847-2017-les-170-ans-du-patriarcat-latin-de-jerusalem/?lang=fr (l'article a été traduit en arabe, en italien et en anglais) (consulté le 4 août 2021 à 7h00).

De manière subsidiaire, la renaissance de l'Ordre du Saint-Sépulcre est-t-elle liée à ce rétablissement ?[12]

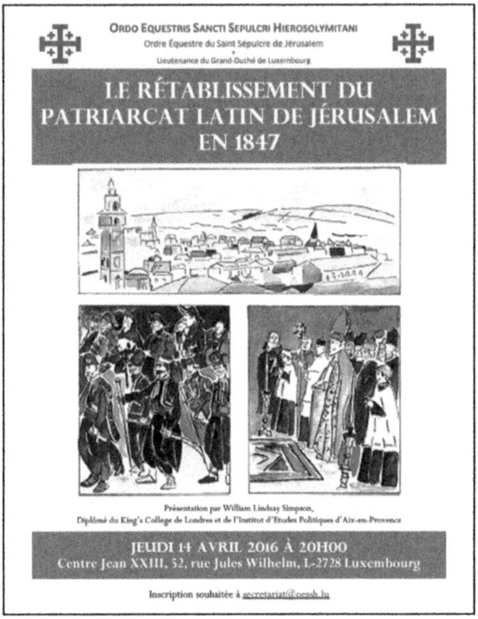

Afin de comprendre cette volonté de refondation, nous étudierons la situation de Jérusalem et de la Palestine ottomane au début du XIXe siècle (I), puis le processus politique du rétablissement du Patriarcat latin comme une véritable « politique publique » de la part des principaux acteurs du Saint-Siège (II), et enfin les premiers fruits de ce rétablissement en étudiant les œuvres du premier Patriarche latin de Jérusalem (III).

[12] Ces questions sont posées dans des termes similaires dans un article intitulé « *Le rétablissement du Patriarcat latin de Jérusalem et la réforme de l'Ordre équestre du Saint-Sépulcre* » du comte Agostino Borromeo (Gouverneur général de l'Ordre du Saint-Sépulcre) publié au chapitre 9 de l'ouvrage collectif de la Lieutenance de France, La France et la Terre sainte, Ed. Paroles et Silence (Paris), 2012, p. 97.

JÉRUSALEM ET LA PALESTINE OTTOMANE AU XIXe SIÈCLE

Ce travail de re-contextualisation nous permettra de voir le relatif isolement dans lequel se trouve Jérusalem depuis la fin des croisades, la continuité de la présence chrétienne dans les Lieux saints depuis lors, et l'ouverture de la Palestine au XIXe siècle.

1. L'isolement de Jérusalem depuis la fin des croisades

Une mise à l'écart intentionnelle. En ce début de XIXe siècle, Jérusalem est une petite ville provinciale ottomane d'une dizaine de milliers d'habitants. Quasiment abandonnée par tout pouvoir central, son importance est avant tout religieuse et symbolique[13]. Essentiellement rurale et peu peuplée, la Palestine semble avoir amorcé un irréversible déclin[14].

Lors de la conquête de la Palestine au XVIe siècle par le sultan Selim Ier, les Ottomans ont poursuivi la politique des sultans mamelouks d'Égypte : le littoral a été dépeuplé et rendu inhospitalier pour éviter un retour offensif des « Francs »[15]. Le souvenir des croisades demeure encore vivace[16].

[13] ENCEL, Frédéric, Géopolitique de Jérusalem, Flammarion (Paris), 1998, p. 65.

[14] KARK, Ruth, "*Changing patterns of landownership in nineteenth-century Palestine: the European influence*", Journal of Historical Geography, n° 10 (Londres), 1984, p. 357.

[15] COHEN, Amnon, *"Ottoman rule and the re-ermergence of the Coast of Palestine (17th – 18th century)"*, Revue de l'Occident musulman et de la Méditerranée, n°39 (Aix-en-Provence), 1985, p. 163.

[16] MAALOUF, Amin, Les Croisades vues par les Arabes, Ed. Jean-Claude Lattès (Paris), 1983, voir l'épilogue.

Renforcée par un contexte relativement hostile. Jérusalem est avant tout une ville de montagne difficile d'accès. Perchée à 800 mètres d'altitude, elle se caractérise par une forte singularité climatique (au contact du désert et de la plaine littorale). C'est le développement du bateau à vapeur qui permettra progressivement l'acheminement des pèlerins et commerçants vers le milieu du XIXe siècle par le port de Jaffa distant de 60 km.

Le voyageur de passage décrit le désolement qui règne en Palestine[17]. Gogol note ainsi le contraste de cette terre promise, « *où coulent le lait et le miel* » (livre de l'Éxode), avec la réalité où « *l'on ne voit à peine que cinq ou six rares oliviers éparpillés* » sur les collines autour de Jérusalem[18]. À cela s'ajoute l'instabilité sismique et sanitaire et une insécurité latente créée par les raids bédouins.

2. La continuité de la présence chrétienne dans les Lieux saints

Les Latins. Les Ottomans ont hérité de l'épineuse question des Lieux saints chrétiens. Les Mamelouks avaient essentiellement à répondre aux revendications des Catholiques (ou les Latins – appelés par ce nom en raison de leur liturgie ou rite latin).

---

[17] L'historien Vincent Lemire recontextualise les récits des voyageurs occidentaux du XIXe siècle qui font de « *la Ville sainte un lieu fermé, morbide et sépulcral, totalement en accord avec le récit de la passion du Christ* », voir LEMIRE, Vincent, Jérusalem 1900, la ville sainte à l'âge des possibles, Armand Colin (Paris), 2013, pp. 71 et 79.

[18] MERLO, Simona, *"Travels of Russians to the Holy Land in the 19th century"*, Quest. Issues in Contemporary Jewish History, n° 4 (Milan), 2013, p. 61.

Ayant perdu la possibilité de récupérer par les armes les Lieux saints, les souverains d'Occident ont entamé des tractations avec les Sultans. Ils purent ainsi obtenir du Sultan d'Égypte une résidence officielle pour les Latins à Jérusalem, et ce sont les Franciscains qui en devinrent les gardiens ayant à leur tête le « Custode de Terre sainte »[19].

Le père Custode se verra attribuer progressivement des pouvoirs épiscopaux, celui d'adouber les chevaliers du Saint-Sépulcre, de nommer les capitaines de navires battant pavillon de Terre sainte ou encore d'établir des relations avec les différentes cours européennes[20].

Les Franciscains assureront la garde des Lieux saints mais aussi l'accueil des pèlerins - le pèlerinage en Terre sainte étant pour les Catholiques un objectif de sainteté personnelle mais alors soumis à l'accord préalable du Saint-Siège. Tout au long des XIVe et XVe siècles, les Allemands seront les plus nombreux à s'y rendre[21], puis ce seront les Français au XVIe siècle[22].

---

[19] Par la Bulle papale *Gratias agimus* (1342) de Clément VI, GIANAZZA, Pier Giorgio, "*Historical origins of the Christians Churches in the Holy Lands*", Land of the Promise (Maltese Franciscan publication), n°11, juin 2013, p. 9.

[20] BUFFON, Giuseppe, Les Franciscains en Terre sainte (1869-1889). Religion et politique, une recherche institutionnelle, Cerf Histoire (Paris), 2005, p. 14.

[21] Les statuts de certaines villes germaniques prévoyaient l'envoi annuel d'un nombre déterminé de pèlerins en Terre sainte, DUPRONT, Alphonse, Le mythe de croisade, volume 2, Gallimard (Paris), 1997, p. 767.

[22] LE TOURNEAU, Dominique, L'Ordre du Saint-Sépulcre de Jérusalem, Ed. Terra Mare (Paris), 2012, p 61.

En plus de la présence franciscaine, le royaume de France va acquérir un droit de protection sur les Lieux saints suite à l'alliance entre François Ier et la Sublime Porte. Entre 1535 et 1538, les premières « Capitulations », traités de commerce et d'établissement (équivalents à des sauf-conduits), accordèrent, entre autres privilèges, à François Ier et à ses successeurs le droit de protéger les Chrétiens (latins) dans tout l'Empire ottoman[23].

Ces droits seront réaffirmés par des traités additionnels conclus entre les deux parties (notamment les Capitulations de 1740[24]) et expressément avalisés par le Saint-Siège[25]. Ainsi les Capitulations viendront renforcer « *la sûreté de l'épique français* » en Terre sainte et le « *sentiment d'une mission qui dépasse la France même, protection chrétienne ou seulement présence* » dans les Lieux saints[26].

Mais, tandis qu'en droit ces privilèges étaient reconnus aux moines catholiques et à la France, dans les faits les pèlerins à qui ils étaient destinés se faisaient rares dans le monde catholique du XVIIIe siècle et du début du XIXe

[23] GOUTTMAN, Alain, La guerre de Crimée 1853-1856, La première guerre mondiale, Perrin (France), 2006, p. 19.

[24] BOURGOIS, Emile, Manuel historique de politique étrangère, Ed. Belin (Paris), 1932, p. 361.

[25] BUFFON, Giuseppe, 2005, p. 262.

[26] DUPRONT, Alphonse, 1997, p. 964. Le Consulat Général de France à Jérusalem rappelle encore aujourd'hui sa responsabilité diplomatique en Terre sainte, voir l'onglet intitulé « *Affaires religieuses* » sur le site https://jerusalem.consulfrance.org (consulté le 1er février 2020 à 7h00).

[27] BOURGOIS, Émile, 1932, p. 362.

siècle[27]. Ainsi, un moine franciscain visitant Jérusalem le jour de Noël 1831 trouva 4 pèlerins catholiques. On lui raconta qu'à Pâques, il y avait 20 Latins sur un total de 10 000 pèlerins (pour la plupart Orthodoxes)[28].

Les Orthodoxes. La mainmise des Grecs orthodoxes se renforce à partir du XVIe siècle (les Ottomans conquirent la Palestine en 1517). Ainsi, le Patriarche orthodoxe de Constantinople se voit reconnaître par la Sublime Porte des droits sur les Chrétiens de l'empire.

Les Orthodoxes obtiennent l'accès aux Lieux saints, rebâtissent l'église du Saint-Sépulcre au début du XIXe siècle, et enrichissent la plupart des sanctuaires chrétiens délaissés par la France. C'est donc naturellement que la Sublime Porte donna la possession de ces sanctuaires aux Grecs et aux Arméniens, en violation flagrante des Capitulations[29].

Pendant le XVIIIe siècle, la Sublime Porte donne progressivement à la Russie de Catherine II des droits de protection sur les Chrétiens orthodoxes de l'empire ottoman et le statut d'extraterritorialité pour les voyageurs et pèlerins russes (par le traité de *Kutchuk-Kaïnardji* de 1774)[30]. Catherine II et ses successeurs se voyaient comme les dépositaires de l'empire de Constantinople et héritiers légitimes des Byzantins et des Grecs. La Russie

---

[28] BRUCE LINCOLN, W., Nicholas I, Emperor and Autocrat of all the Russians, Penguin Book (Londres), 1978, p. 333.

[29] BOURGOIS, Emile, 1932, p. 362.

[30] BUFFON, Giuseppe, 2005, p. 257. Cet acte sera la base des prétentions russes sur les Orthodoxes de l'Empire ottoman.

reprend ainsi le flambeau des croisades là où l'Occident l'abandonnait afin d'assurer la libération des Chrétiens asservis par la Porte et de garantir « *l'ordre éternel dans les Lieux saints* »[31]. Les mondes orthodoxes grec et russe agissent alors de concert sur cette dernière question[32].

Et c'est au XIXe siècle que la présence orthodoxe russe se fait beaucoup plus ressentir avec la venue de milliers de pèlerins et l'installation d'un réseau diplomatique, politique et religieux russe à Jérusalem (appelé alors la « *Palestine russe* »)[33].

3. L'ouverture progressive de Jérusalem et de la Palestine au XIXe siècle

Trois évènements consécutifs vont contribuer directement à l'ouverture de la Palestine sur le monde. Ces trois évènements vont accroître l'implication et la présence active des puissances européennes en Palestine[34].

L'expédition du général Bonaparte (1798-1799). La « menace européenne » débute en 1798 avec l'expédition d'Égypte du jeune général Bonaparte suivie de la « campagne de Syrie » de 1799 qui se déroule essentiellement sur le littoral palestinien[35]. Malgré quelques succès,

---

[31] DUPRONT, Alphonse, 1997, pp. 823-826.

[32] DUPRONT, Alphonse, 1997, p. 826.

[33] MERLO, Simona, 2013, pp. 66 et 63.

[34] KARK, Ruth, 1984, p. 358.

[35] « *Bonaparte a nié la croisade, tout en en suivant les chemins* ». DUPRONT, Alphonse, 1997, p. 747.

Bonaparte échoue devant les murs de Saint-Jean-d'Acre, épargnant Jérusalem (qu'il n'avait d'ailleurs pas envisagé de conquérir) [36].

Paradoxalement, cette expédition sera un échec militaire mais aura pour conséquence d'attiser la convoitise des puissances européennes sur la Palestine.

L'invasion de Méhémet Ali (1831-1841). Les troupes de l'ambitieux vice-roi ottoman d'Égypte Méhémet Ali envahissent la Palestine en 1831. Un an après, la ville d'Acre tombe et l'essentiel de la Syrie passe sous le contrôle de son fils Ibrahim Pacha.

Le nouveau pouvoir se veut modernisateur[37]. Ainsi, de 1831 à 1841, la Syrie s'ouvre aux influences occidentales et c'est durant cette période que les discriminations contre les non-musulmans sont abolies, permettant l'installation des sociétés de missionnaires chrétiens et des consulats étrangers à Jérusalem[38]. Et ainsi, dès les années 1840, *« la compétition entre les principaux pays européens va se cristalliser autour de la Palestine* [...] *la protection religieuse devenant le lieu même de l'affrontement des puissances européennes »*[39].

---

[36] Voir SCHUR, Nathan, Napoleon in the Holy Land, Greenhill Books (London), 1999.

[37] Voir ROOD, Judith, *"Intercommunal Relations in Jerusalem during Egyptian Rule (1834-1841)"*, *Jerusalem Quarterly*, n° 32 (Jérusalem), automne 2007.

[38] FINN, James, Stirring Times, volume 1, 1878, Ed. Kegan (Londres), pp. 84-85.

[39] HITZEL, Fréderic, Le dernier siècle de l'empire ottoman (1789-1923), 2e tirage, Ed. Les Belles Lettres (Paris), 2015, pp. 187-188.

Les armées de Méhémet Ali sont expulsées en 1841 de la Palestine suite aux révoltes des populations locales instrumentalisées par les puissances européennes. Lorsqu'elle reprit possession de Jérusalem, la Sublime Porte fut alors forcée de fermer les yeux sur le développement des activités missionnaires européennes, et de garantir le droit des Chrétiens[40].

La question d'Orient et la Guerre de Crimée (1853-1856). Jérusalem fera sa grande entrée sur le théâtre de la question d'Orient et les Lieux saints vont en être le prétexte. Alors même que Jérusalem sera le pivot de la question d'Orient ("*the center of the storm*" selon le diplomate britannique James Finn), la ville demeura éloignée des combats[41].

Suite à des incidents entre Latins et Grecs (40 morts au Saint-Sépulcre à Pâques 1847 ou encore le vol de l'étoile d'argent de Bethléem en octobre 1847)[42], la France de la IIème République réclame une négociation globale pour mettre fin aux « empiètements » des Orthodoxes.

En France, le Prince-Président Louis-Napoléon « qui n'aime pas les couvents », a toutefois besoin de l'appui des Catholiques pour gouverner[43]. Il cherche donc à

---

[40] KILDANI, Hanna, Modern Christianity in the Holy Land, AuthorHouse (USA), 2010, p. 442.

[41] FINN, James, Stirring Times, volume 2, 1878, Ed. Kegan (Londres), p. 131.

[42] FIGES, Orlando, Crimea, the last crusade, Penguin books (Londres), 2010, pp. 1-2.

[43] DEMIER, Francis, La France du XIXe siècle, Ed. du Seuil (Paris), 2000, p. 247.

trouver une solution pour rallier les Catholiques tout en conciliant la Russie. La Sublime Porte tente également de concilier les uns et les autres par une série d'actes juridiques entre 1852 et 1853. Ainsi, sur cette lointaine « querelle de sacristie » à propos des Lieux saints et inconnue des chancelleries, les puissances européennes se montrèrent conciliantes[44]. Mais une fois cette question quasiment réglée, la Russie transforme la nature de ses revendications en exigeant de la Porte la protection exclusive des 12 millions de Chrétiens soumis au sultan. Dès que la souveraineté de l'empire ottoman est remise en question par la Russie, la France puis l'Angleterre apportent leur soutien militaire à la Sublime Porte.

En raison de l'utilisation d'armements et de moyens industriels (canons, télégraphe, ...) et l'implication de nombreuses puissances européennes, cette guerre de Crimée ou guerre d'Orient sera considérée comme la « première guerre mondiale ». Les Russes perdent cette guerre avec la signature du traité de Paris (1856). Ce traité est en apparence favorable au sultan, mais en réalité il place l'Empire ottoman sous la tutelle de l'Europe coalisée[45]. Concernant la Terre sainte, seul un article du traité est en faveur des populations chrétiennes vivant dans l'Empire ottoman, et la question des Lieux saints n'est pas abordée[46].

---

[44] GOUTTMAN, Alain, 2006, pp. 30-34.

[45] HITZEL, Fréderic, 2015, p. 188.

[46] Voir l'article 9 du Traité de Paris, voir https://mjp.univ-perp.fr/traites/1856paris.htm (consulté le 1er février 2021 à 8h40).

LE RÉTABLISSEMENT DU PATRIARCAT LATIN

Le rétablissement du Patriarcat latin sera analysé comme une « politique publique » en retraçant les origines de ce projet, son élaboration avec les différents acteurs et niveaux institutionnels, et la concrétisation matérielle avec la création du Patriarcat.

1. Le vieux rêve d'avoir un évêque latin résidant à Jérusalem

Les origines évangéliques d'un évêque de Jérusalem. Jérusalem est le berceau du christianisme et fut le premier siège « épiscopal » dans l'histoire de la Chrétienté. À la dispersion des apôtres, l'Église de Jérusalem fut dirigée par saint Jacques le mineur (martyr en l'an 62), saint Siméon (crucifié à 120 ans), puis leurs successeurs dont plusieurs saints martyrs et confesseurs (saint Cyrille, père de l'Église grecque, ou saint Sophronius, adversaire du monophysisme)[47].

Les Églises fondées par les apôtres ou leurs disciples immédiats prirent une importance de premier plan par rapport à Jérusalem. Ainsi l'Église d'Antioche dominait les Églises de Syrie, l'Église d'Alexandrie celles d'Égypte, et l'Église de Rome les Églises d'Occident (Benoît XVI a renoncé au titre de « Patriarche d'Occident » en 2006)[48].

Cependant, quand les pèlerins commencèrent à affluer dans la Cité sainte dès les premiers siècles (les témoi-

[47] HAUSSMANN de WANDELBURG, Emmanuel-Marie, Études et souvenirs sur l'Orient, Berche et Tralin (Paris), 1883, p. 126.

[48] Communiqué de Presse du Saint-Siège du 22 mars 2006, ZENIT.org, Rome.

gnages les plus anciens sont des écrits de pèlerins gallo-romains[49]), la place de Jérusalem au sein de l'Église universelle fut discutée, et la ville acquit le statut de Patriarcat au Concile de Chalcédoine (en 451) en même temps que Constantinople[50].

Antioche, Alexandrie, Rome, Constantinople et Jérusalem sont donc considérées comme les cinq patriarcats historiques de la Chrétienté (et décrites comme la « Pentarchie », terme encore utilisé chez les Orthodoxes).

L'instauration d'un évêque latin de Jérusalem. Les Latins n'arrivèrent pas *ex nihilo* en Terre sainte dans la mesure où « *le fait de croisade est préparé par la poursuite ininterrompue des déplacements de pèlerins vers Jérusalem depuis la chute de l'empire romain* »[51].

L'établissement du siège patriarcal latin de Jérusalem trouve sa cause directe dans les Croisades mais n'a pas été une décision du Souverain Pontife d'alors, le pape Urbain II[52].

---

[49] Dont le *Pèlerin de Bordeaux* (daté de 333 et originaire de Bordeaux) et *Egeria* (de 381/384 et originaire de la vallée du Rhône), voir HEN, Yitzak, "*Holy Land Pilgrims from Frankish Gaul*", Revue belge de philologie et d'histoire, tome 76, fascicule 2, 1988, p. 291.

[50] TWAL, Fouad, Première lettre pastorale « *L'Unité dans la diversité* », mai 2009, publiée sur le site du Patriarcat latin www.lpj.org (consulté le 1er février 2021 à 8h45).

[51] HERMANN DE FRANCESCHI, Sylvio, Les intermittences du temps – Lire Alphonse Dupront, 2014, Édition EHESS (Paris), p. 218.

[52] HAMILTON, Bernard, The Latin Church in the Crusader States : the Secular Church, Routledge (Oxon/New York), 2016 (voir le premier chapitre sur la Patriarcat latin de Jérusalem).

En effet, avant le déclenchement des Croisades, le clergé latin présent en Terre sainte officiait suivant son rite propre tout en reconnaissant l'autorité du Patriarche de rite grec byzantin. Il y avait donc une cohabitation pacifique entre les différentes Églises chrétiennes[53]. À cet égard, le pape Urbain II était bien conscient que l'Église (universelle) était constituée d'une Pentarchie dont Rome (la latine) était l'une d'elle. Urbain II agira, lui-même et à travers ses légats, dans le respect de l'autorité des autres Patriarcats. Il en allait cependant différemment dans l'esprit de la grande majorité des Catholiques européens (et donc également des Croisés) qui avait une vision radicalement différente : ils se voyaient comme les seuls Chrétiens légitimes et considéraient les autres Églises chrétiennes comme déviantes, voire hérétiques.

La politique d'Urbain II a pu être conduite dans un premier temps avec succès lors de l'arrivée des Croisés à Antioche. Le Patriarche grec byzantin Jean (élevé sur le siège patriarcal d'Antioche en 1091) fut maintenu et soutenu.

Cependant lorsque les Croisés arrivèrent à Jérusalem, ils élirent un Patriarche latin (malgré la politique urbainienne). Ainsi, sur base d'une procédure canonique *ad hoc*, tous les membres importants du clergé se réunirent le 1er août 1099 et ils élirent l'un des leurs, Arnulf, Patriarche de rite latin (le 89e) pour gouverner les Latins et les Grecs[54]. Pour les Croisés, cette latinisation du siège

[53] HEN, Yitzak, 1988, pp. 305-306.

[54] Le premier acte d'Arnulf fut d'expulser tous les Chrétiens orientaux du Saint-Sépulcre.

patriarcal était totalement légitime. En revanche, elle fut fermement contestée par les Grecs dont les Patriarches partirent en exil[55].

Dix Patriarches latins se succédèrent jusqu'à la chute de Jérusalem en 1187. Quinze autres Patriarches furent élus ayant leur siège à Saint-Jean d'Acre et ce jusqu'à la chute de cette place en 1291 (le dernier Patriarche fut le dominicain Nicolas de Hanappes).

Depuis lors, il n'y a plus eu de Patriarche latin de Jérusalem résidant en Terre sainte. Le titre fut cependant donné à certains prélats de la Cour romaine mais *in partibus infidelium*, c'est-à-dire toujours en tant que Patriarche « titulaire » mais ne résidant pas à Jérusalem[56].

2. La politique orientale du Saint-Siège

L'action du Saint-Siège au Proche-Orient au début du XIXe siècle. La Congrégation *Propaganda Fide*, ou de la Propagation de la Foi, est l'organe du Saint-Siège en charge des missions[57]. Elle a été créée en 1622 pour

[55] Deux points de vue existent sur le sujet : le point de vue des Orthodoxes ("*that the crusaders are strangers to Jerusalem and they invaded the country and put their hand on their local Church*") et celui des Latins ("*the two Churches* [...] *constituted at the faith level the same Church* [...]. *The logic of the crusaders is imprecise and it's a way to justify the erection of the Latin Patriarchate* ..."), voir courriel de F. KILDANI to W. SIMPSON du 10 mars 2016 à 15h58 "Latin Patriarchate", p. 1.

[56] KILDANI, Hanna, 2010, p. 209.

[57] Renommée sous le pape Jean-Paul II *Congrégation pour l'évangélisation des peoples* et intégrée dans le *Dicastère pour l'Évangélisation* sous le pape François.

assurer l'évangélisation dans les pays non-catholiques (incluant les Églises orientales jusqu'en 1862)[58]. Elle est composée d'une trentaine de cardinaux.

La Propagande, comme l'on désigne couramment cet organe, consacra beaucoup d'énergie et d'attention au Moyen-Orient et à la Terre sainte. Son action fut cependant bloquée par les événements révolutionnaires de 1789 (toutes les archives ayant été transférées en France) et ce n'est qu'en 1817 qu'elle reprit ses activités missionnaires.

Et les choses changèrent. La Propagande décida alors de fonder le Vicariat apostolique d'Alep (effectif en 1817) puis celui d'Égypte (1836-1839)[59]. Au début, la Propagande ne pensait qu'à une simple réorganisation territoriale, les missions restant aux mains des Franciscains. Cependant, la place de la Custodie de Terre sainte, couvrant un très large territoire[60], était fortement critiquée pour son inefficacité, son inertie et sa mauvaise gestion[61]. La Propagande s'inquiéta en plus de la qualité morale et intellectuelle des religieux envoyés sur place.

Le travail d'évangélisation était donc à repenser. La Propagande tenta donc de réduire le pouvoir des Franciscains en mettant en place une méthode missionnaire plus adaptée : installation d'autres communautés

---

[58] Voir JANKOWIAK, François, La Curie romaine de Pie IX à Pie X, Publication de l'École française de Rome, 2007.

[59] BORROMEO, Agostino, 2012, pp. 99-100.

[60] "*Syria, Egypt, Ethiopia, Asia Minor, Armenia and Greece.*", voir KILDANI, Hanna, 2010, p. 217.

religieuses, création d'écoles et d'orphelinats, et formation d'un clergé indigène afin d'assurer une pastorale plus efficace.

Tout cela était devenu non seulement possible en ce milieu du XIXe siècle en raison de l'assouplissement des autorités ottomanes envers les Chrétiens, mais surtout nécessaire pour réagir à la « concurrence » orthodoxe et protestante.

Les premiers projets concrets de la Propagande. En janvier 1842, la Propagande fut saisie pour étudier la possibilité d'installer à Jérusalem un Vicaire apostolique auquel serait conférée la dignité patriarcale. Cela faisait suite à la nomination, par un accord conjoint entre la Grande-Bretagne et le Roi de Prusse, d'un évêque protestant qualifié par la presse de « *semi-anglican et semi-prusso-évangélique* »[62]. Cet événement émut vivement le monde catholique européen, et de nombreuses pétitions furent envoyées à Rome à ce sujet.

Le préfet de la Propagande consulta sur le projet le Ministre-général des Franciscains qui y fut favorable, se fondant notamment sur la tradition incarnée par le custode Franciscus Quaresmius[63]. Mais il se rétracta quelques jours

[61] PIERACCININ Paolo, "*The Custody of the Holy Land and the Latin Patriarchate of Jerusalem*", Revue *Franciscan culture Spirit + Life*, avril-juin 2015, p. 7. BUFFON relativise ces critiques qu'il convient de re-contextualiser notamment concernant la question de l'instruction religieuse, voir BUFFON, Giuseppe, 2005, pp. 22-23.

[62] Journal « *L'Ami de la religion et du roi* », n° 10, 1845 (Paris), p. 30.

[63] Un éminent Franciscain de Terre sainte du XVIIe siècle auteur de l'ouvrage de référence *Elucidatio Terrae Sancta.*

plus tard, après avoir trouvé de graves inconvénients au projet envisagé. Il avait réalisé que le Patriarche ne devait pas automatiquement être un Franciscain[64].

Tout en étant disposée à nommer un évêque de Jérusalem, la Propagande résolut de surseoir à l'exécution du projet. Elle continua de réunir des informations sur le sujet mais le projet ne connût plus d'évolution. La France était fortement opposée au projet[65] et l'on vivait alors les dernières années du règne du pape Grégoire XVI (1831-1846).

3. L'action décisive de Pie IX dans le rétablissement du Patriarcat latin

Nous pouvons dire brièvement de Pie IX qu'il est l'un des papes les plus controversés de la Chrétienté et que son très long pontificat (de 1846 à 1878)[66] a été marqué par :

- la perte du pouvoir temporel : il est le dernier « Papa-Re », la révolution de 1848 le contraignant à s'exiler à Gaète et aboutissant à la dissolution des États pontificaux en 1870[67] ;

[64] DUVIGNAU, Pierre, Une vie au service de l'Église, S.B. Mgr. Joseph Valerga, Imprimerie du Patriarcat latin (Jérusalem), 1972, p. 59.

[65] BORROMEO, Agostino, 2012, p. 102.

[66] Voir les ouvrages récents : CHIRON, Yves, Pie IX face à la modernité, 2ème édition, Ed. Clovis (Suresnes), 2016; et GOBRY, Yvan, Pie IX, le pape des tempêtes, Jean Picollec (Paris), 1999.

[67] Un diplomate dira que Pie IX était « *animé par la pensée unique de faire le bonheur de ses sujets, mais dépourvu de l'art de gouverner* ». MOLLAT, Guillaume, « *La question romaine sous Grégoire XVI et Pie IX* », Revue des Sciences Religieuses, tome 26, fascicule 2, 1952 (Paris), p. 135.

- mais aussi par l'affirmation de son pouvoir spirituel à travers, notamment, la rédaction du *Syllabus* sur les erreurs de notre temps, la proclamation du dogme de l'Immaculée Conception et la convocation du Concile Vatican I qui affirmera l'infaillibilité papale.

La politique étrangère de Pie IX au début de son pontificat. En la matière, les événements furent favorables, et même providentiels, pour le nouveau pape. La Sublime Porte vint à lui.

Revenons à Constantinople en 1846. Le Grand Vizir se plaint des affronts continuels et contradictoires infligés par les nations occidentales souhaitant protéger les Chrétiens de l'Empire ottoman[68]. Il en résulte une situation où « *les Chrétiens* [sont] *persécutés par les Musulmans* » et « *la Porte persécutée par toutes les chancelleries* [européennes !]»[69]. L'abbé Demauri, un obscur napolitain en mission à Constantinople, suggére alors au Grand Vizir de traiter directement avec le Saint-Siège en ce qui concerne le droit des Chrétiens, et d'envoyer un ambassadeur à Rome. La Porte « *verrait* [ainsi] *avec plaisir la protection du catholicisme dans les États ottomans passer aux mains d'une puissance purement spirituelle et désintéressée dans les querelles politiques* »[70].

[68] La France avec la Syrie et l'Asie-Mineure ; l'Autriche avec la Moldavie, la Valachie et les autres provinces danubiennes ; la Russie avec les Grecs orthodoxes et l'Angleterre avec les églises protestantes, voir GAY, Charles, Histoire de Pie IX le grand et de son pontificat, Ressayre (Paris), 1878, tomes 1, p. 180.

[69] GAY, Charles, 1878, p. 180.

[70] Voir le « *Journal des Débats* », édition du 2 décembre 1847, n° 3162, p. 2.

Des tractations entre le Saint-Siège et la Sublime Porte eurent lieu dans le plus grand secret mais la France fit tout son possible pour s'opposer à ce projet, jusqu'à employer la ruse pour éviter cette rencontre[71]. Le pape reçut l'ambassadeur turc Chekib Effendi en grande pompe en février 1847. Cette ouverture des relations diplomatiques entre le Saint-Siège et la Porte sera qualifiée de « révolution » dans la tradition diplomatique européenne au Levant[72].

Nous ne connaissons pas les détails des entretiens romains, mais il semble que l'envoyé du sultan demanda au Pape de se charger lui-même de la protection des Chrétiens orientaux et Pie IX, de son côté, demanda le rétablissement du Patriarcat latin de Jérusalem[73]. Ils se mirent d'accord. Pie IX avait ainsi les coudées franches vis-à-vis du pouvoir ottoman pour d'abord rétablir le Patriarcat latin et ensuite tenter d'affirmer l'autonomie du Saint-Siège par rapport aux différentes puissances européennes[74].

Cette décision s'inscrivait dans un programme ambitieux du jeune pape de latinisation et de centralisation romaine vis-à-vis des Chrétiens et des Églises orientales et projetant notamment leur « Union » à Rome, comprenant :

---

[71] GOBRY, Yvan, 1999, p. 118.

[72] MACDONELL DAWSON, Aenas, Pius IX and his life, Catholic Record Printing House (Londres), 1880, p. 33.

[73] GOBRY, Yvan, 1999, p. 118.

[74] BUFFON, Giuseppe, 2005, p. 93.

- la création d'une représentation à Constantinople et la restauration du Patriarcat latin[75] ;
- l'encyclique *In Suprema Petri* adressée aux Églises orientales[76] ; et
- la convocation d'un concile œcuménique pour 1864 (ce qui ne fut pas réalisé)[77].

Ces premiers efforts du pape Pie IX ne furent pas immédiatement couronnés de succès mais bien progressivement, avec notamment le ralliement à Rome de certaines Églises orientales durant son pontificat[78].

Le processus décisionnel aboutissant au rétablissement du Patriarcat. Entre temps, la question du rétablissement du Patriarcat fut à l'ordre du jour de la première réunion générale de la Propagande le 25 janvier 1847. Les cardinaux décidèrent que « *les causes qui avaient fait ajourner la décision de 1842 n'existaient plus* »[79]. Favorable au principe du rétablissement, la Propagande demanda que tous les aspects matériels soient discutés[80].

---

[75] BROADUS, John R., *"Church conflict in Palestine: the opening of the holy places question during the period preceding the Crimean War"*, Canadian journal of history, volume 14, n° 3 (Canada), 1979, p. 407.

[76] Pie IX lança un appel aux Orientaux à rejoindre l'Église catholique, Voir WALKER, C. T. Harley, *"Pope Pius IX and the Eastern Orthodox patriarchs"*, *The Churchman*, Londres, 1938, pp. 19-25. Cela réveilla involontairement de nombreuses polémiques chez les Orthodoxes.

[77] « *La Question religieuse en Russie et l'Église romaine* », Bulletin de la Société des Missions Étrangères de Paris, janvier 1922, n° 1, p. 331.

[78] GAY, Charles, 1878, p. 119.

[79] DUVIGNEAU, Pierre, 1972, p. 61.

[80] Cette décision fut formellement approuvée par le Pape le 31 janvier 1847.

En février 1847, la Propagande notifia le Ministre-général des Franciscains et lui demanda de lui préparer une étude dans les meilleurs délais sur les rapports à établir entre le prélat et la Custodie. Celui-ci contesta la décision prise, voyant le Patriarcat comme une institution concurrente de la Custodie[81]. Cette réaction fut extrêmement utile dans la mesure où elle obligea la Propagande à ne pas négliger la question.

La Propagande demanda au cardinal anglais Charles Acton de préparer un rapport circonstancié. Acton énuméra les différentes raisons justifiant l'établissement d'un diocèse latin à Jérusalem et les différentes questions soulevées par ce rétablissement :
- Qualité et titre du nouvel évêque. Devait-il avoir le rang de vicaire apostolique et de Patriarche ?
- Limites du diocèse. Était-ce l'ancien Patriarcat latin des Croisés en y ajoutant Chypre ?
- Formation d'un clergé national séculier. Le clergé régulier pouvait-il conserver ses paroisses ?
- Custode et Patriarche ? Le Patriarche croisé étant Patriarche et supérieur des chanoines du Saint Sépulcre, cela pouvait s'envisager.
- Ordre du Saint Sépulcre de Jérusalem. Jusque-là, c'était le Custode de Terre sainte qui créait les Chevaliers dans cet ordre. Qui serait alors le prieur de l'Ordre ?
- Ressources financières. Quelles aides financières pourrait-on escompter de l'Europe ?

Plusieurs candidats furent proposés[82].

[81] KILDANI, Hanna, 2010, p. 255-258.
[82] KILDANI, Hanna, 2010, p. 258-271.

L'impulsion finale. Lors de la session de la Congrégation du 3 mai 1847, l'assemblée des cardinaux décida de proposer au Saint-Père que l'évêque de Jérusalem aie le rang de Patriarche. Le pape approuva cette proposition en mai 1847 puis il annonça au monde par la Lettre apostolique *Nulla celebrior* du 23 juillet 1847 le rétablissement du Patriarcat latin de Jérusalem[83].

Lors d'une audience papale du 11 août 1847, le pape décida que l'adoubement des Chevaliers du Saint-Sépulcre, incombant jusque-là au Custode, serait désormais réservé au seul Patriarche latin (croyant à tort que l'Ordre y était lié originellement)[84]. Puis le 4 octobre 1847, le Pape annonça au monde la nomination du jeune abbé Valerga comme premier Patriarche résidant de Jérusalem. Le texte entier de l'allocution papale fut ainsi publié à la une de certains journaux[85].

Le nouveau cadre institutionnel du Patriarcat latin de Jérusalem était désormais esquissé ; il fallait maintenant le mettre en œuvre[86].

---

[83] Tous les détails furent apportés dans les *Instructions de la Propagande Sanctissimus Domines* du 18 décembre 1847, voir KILDANI, Hanna, 2010, pp. 285-287.

[84] BORROMEO, Agostino, 2012, p. 105 : Pie IX a pris cette décision sur la base d'un mémoire de la Propagande dans lequel il est affirmé que l'Ordre du Saint-Sépulcre a été institué par Baudouin de Jérusalem qui avait nommé le Patriarche de Jérusalem « chef et Grand-Maître » de l'Ordre.

[85] Voir par exemple le « *Journal des Débats* », édition du 20 octobre 1847 (Paris), p. 1.

[86] KILDANI, Hanna, 2010, pp. 287-288.

LES PREMIERS PAS DU NOUVEAU PATRIARCHE

Après avoir rappelé quelques éléments biographiques de la vie de l'abbé Joseph Valerga, nous observerons les premiers pas du nouveau Patriarche en Terre sainte, en s'attardant ensuite sur l'une de ses œuvres, la renaissance de l'Ordre du Saint-Sépulcre.

1. Joseph Valerga

Un italien. Né le 9 avril 1813 à Loano près de Savona en Ligurie, il est le septième enfant d'une famille de 18 (dont la moitié mourut en bas-âge). Son père, Joseph Valerga est maître maçon, et sa mère, Jacinthe Ferrando, une « femme de caractère » qui s'occupe d'un petit commerce[87].

Enfant sérieux et pieux, il rentre au séminaire d'Albenga à la fin de ses études. Suite à une broutille assez secondaire, il est renvoyé du séminaire pour une année. Et d'une année de punition, le jeune Valerga va changer la donne en décidant de ne pas retourner au séminaire d'Albenga mais d'aller étudier à Rome dans le but de devenir missionnaire[88].

C'est ainsi qu'il s'installe à Rome et s'inscrit à la Sapience où il obtient un double doctorat de droit et de théologie. Il suit également des cours de langues orientales et parlera durant toute sa vie le chaldéen, le turc, l'arabe et l'hébreu aussi bien que le français ou l'italien. Son professeur d'hébreu, le Professeur Molza, l'apprécie à tel point qu'il

---

[87] DUVIGNEAU, Pierre, 1972, p. 2.

[88] DUVIGNEAU, Pierre, 1972, pp. 6-7.

souhaite en faire son successeur. Une fois la chaire vacante, Valerga se voit préférer un candidat médiocre qui a l'avantage d'être protégé par une princesse romaine. Suivant son biographe, Valerga « *supporta difficilement ce passe-droit, et c'est alors qu'il renonça définitivement à toute carrière romaine pour ne plus songer qu'aux missions* »[89].

Un missionnaire. Prêtre à l'âge de 23 ans (1836), il entre au service de la Propagande. Il est affecté à l'expédition des documents arabes, grecs et latins.

Une première mission extérieure lui permet de faire connaître ses talents. Il seconde un prélat (Mgr Mussabini) afin de résoudre des questions délicates de doctrine dans le Sud de l'Italie où le rite grec s'est maintenu depuis des temps anciens. En plus de sa connaissance du grec, il sait se faire apprécier pour « *son savoir-faire et son sens pratique* »[90].

Une nouvelle occasion se présente et cette fois il décroche le poste de secrétaire de Mgr Villardel, Vicaire apostolique d'Alep et Délégué de la Syrie et de la Mésopotamie.

Suite à différents voyages en Mésopotamie, il s'installe à Mossoul de 1842 à 1847 où il relance une mission avec les pères dominicains. En plus de son travail apostolique, il travaille à la réédition d'un catéchisme en chaldéen, syriaque et arabe et compose un dictionnaire chaldéen-italien. L'abbé Valerga va également acquérir

[89] DUVIGNEAU, Pierre, 1972, p. 20.

[90] DUVIGNEAU, Pierre, 1972, p. 20.

à Mossoul « *une expérience consommée des milieux orientaux* »[91] et démontrer sa faculté à faire face au martyr par plusieurs fois[92].

L'Appel de la Terre sainte. L'abbé Valerga rencontre une première fois Pie IX en mai 1847 en sa qualité de missionnaire (et surtout non-informé des projets patriarcaux). Le Saint Père s'entretient avec lui (et le complimente entre autres sur sa barbe !). Cet entretien sera décisif pour sa nomination patriarcale.

Le 10 octobre 1847, Pie IX consacre l'abbé Valerga « Patriarche de Jérusalem ». Valerga a 34 ans et est décrit par les journaux « *comme un homme remarquable par la beauté de ses traits, la noblesse de sa démarche, par son intelligence et la culture de son esprit* »[93].

C'est en janvier 1848 que Mgr Valerga prend la route pour Jérusalem. Il part avec un prêtre, un homme à tout faire et un maigre pécule, pour restaurer le Patriarcat latin !

Dès que le paquebot français en provenance de Civitavecchia est en vue de Jaffa le 17 janvier 1848, une barque

---

[91] DUVIGNEAU, Pierre, 1972, p. 68 : Le cardinal Acton, dans son rapport, l'avait qualifié « *d'excellentissime sujet* » et traçait son portait en quelques lignes : « *Homme d'une parfaite probité et d'un grand zèle apostolique ; très versé dans les sciences sacrées et dans les langues orientales ; d'une profonde connaissance des Missions de l'Orient, aussi bien que des usages de la Cour romaine ; d'une prudence à toute épreuve, unie à un esprit très conciliant* ».

[92] Dont « *plusieurs blessures très graves* » par des brigands à la solde du pacha de Mossoul, voir Journal « *La Presse* », édition du 21 décembre 1844, n° 3162, (Paris), p. 2.

[93] Voir le journal « *La Presse* », édition du 16 novembre 1847, n° 4206 (Paris), p. 2.

arborant la bannière à cinq croix vient accueillir Mgr Valerga. Elle porte un groupe de Franciscains venus présenter leurs hommages au nom du Custode. À terre, un groupement de soldats ottomans lui présente les armes puis se mettent en route pour la Ville sainte. En chemin, ils s'arrêtent dans un couvent à quelques kilomètres de Jérusalem où le Procureur de Terre sainte remet au Patriarche le diplôme de Chevalier du Saint-Sépulcre au nom du Père Custode. Par ce geste symbolique, le Père Custode met fin à une de ses prérogatives multiséculaires de créer les Chevaliers du Saint-Sépulcre.

L'arrivée du nouveau Patriarche à Jérusalem est décrite par le consul de France d'alors : *« Hier, Mgr Valerga a fait son entrée solennelle à Jérusalem. Il a été reçu avec enthousiasme. D'accord avec le couvent, j'avais pris toutes les dispositions convenables pour que la réception fut aussi pompeuse que possible. C'est une nécessité dans ce pays que de parler aux yeux. Tout s'est parfaitement passé. Nous sommes allés en uniforme avec tous les employés et ceux de mon consulat à la rencontre de sa grandeur jusqu'à deux heures de la ville. Nous étions avec le Révérendissime, une partie de son Discrétoire, le consul de Sardaigne, et suivaient plus de 600 personnes de différents cultes. »*[94].

2. Les premiers pas du Patriarche latin

Premiers contacts. Une communauté catholique locale de rite latin s'était formée autour des grands sanctuaires notamment de Jérusalem, Bethléem et Nazareth et

[94] DUVIGNEAU, Pierre, 1972, p. 81.

dépassait les 4 000 fidèles en 1850[95]. L'idée de la Custodie était de constituer autour des couvents des sortes de « *microcosmes catholiques* » en rassemblant le maximum de Chrétiens latins autour des Lieux saints[96].

La première tâche de Mgr Valerga est de rencontrer ses ouailles et il fut surpris de voir que ses fidèles avaient une foi hésitante. Ainsi, pour des raisons les plus futiles, les fidèles menaçaient de passer au schisme suite à une mésentente avec un curé, un maître d'école, ou d'autres broutilles[97].

En analysant les origines de cette situation, Mgr Valerga constate que presque toutes les familles sont logées par la Custodie[98]. Sans enrichir cette population qui reste pauvre, elle leur permet de vivre dans une certaine insouciance. Mais surtout, il est frappé par le manque d'instruction religieuse[99].

Priorités de Mgr Valerga. Fort de ce constat, Mgr Valerga a trois priorités dès son arrivée : (1) former un clergé séculier ; (2) développer les réseaux de missions en Palestine ; et (3) s'assurer du concours financier de l'Europe.

---

[95] KHOURY, Rafiq, « *Chrétiens arabes de la Terre sainte* », revue *Études* n° 369/4 (Paris), octobre 1988, p. 396.

[96] BUFFON, Giuseppe, 2005, p. 23.

[97] HAUSSMANN de WANDELBURG, Emmanuel-Marie, 1883, p. 144.

[98] KILDANI, Hanna, 2010, pp. 229-231.

[99] Grief difficile à imputer entièrement aux Franciscains dans la mesure où l'enseignement était interdit ou assujetti à la loi coranique, BUFFON, Giuseppe, 2005, p. 23.

1) C'est en habile administrateur que Mgr Valerga va constituer un clergé séculier directement soumis à sa juridiction. Le Patriarche souhaite ainsi un clergé à prédominance indigène capable de comprendre sans effort la mentalité du peuple à évangéliser. Mais aussi un clergé qui soit ouvert sur toute la Chrétienté en raison de la vocation universelle de Jérusalem.

Avec l'aide de quelques prêtres de France et d'Italie recrutés tant bien que mal, il fonde un séminaire diocésain[100]. Dix ans plus tard, le clergé du Patriarcat est composé d'une vingtaine de prêtres[101]. La constitution d'un clergé arabe est sans conteste le résultat direct de l'action de Mgr Valerga, couronnée par la nomination de deux Patriarches arabes qui se succèdent de 1988 à 2016 (Mgr Michel Sabbah et Mgr Fouad Twal).

2) Pour seconder ses efforts, le Patriarche va faire venir des communautés religieuses auxquelles il procure des établissements.

Véritable « appel d'air frais » pour la Palestine chrétienne, ce furent d'abord les sœurs de Saint-Joseph de l'Apparition (1848), puis les sœurs de Nazareth (1855), et enfin les religieuses de Notre-Dame de Sion (1856) qui ouvrent des établissements. Puis, en 1863, un orphelinat pour les garçons est créé par un prêtre du Patriarcat.

---

[100] Le séminaire est ouvert en 1852. Entre 1852 et 1952, il y aura en permanence environ 20 à 25 séminaristes.

[101] Voir notamment la figure du Vicaire général, le père Dequevauvillier, voir « *Théophane Dequevauvillier* », Société d'émulation historique et littéraire d'Abbeville (Abbeville), 1966, p. 625.

Le reste s'installe à partir de 1873 et est constitué majoritairement de congrégations masculines, qui développent des établissements scolaires et caritatifs, de piété et de formation du clergé. Ainsi, de 1818 à 1909, pas moins de 27 congrégations religieuses vont s'installer dans le Patriarcat[102].

3) Le concours financier sera l'objet de nombreuses tractations mais aussi de tensions avec la Custodie, notamment concernant la répartition et la vérification des dons envoyés par les fidèles catholiques d'Europe.

La Propagande interviendra de nombreuses fois entre Mgr Valerga et les Franciscains en essayant de trouver une solution entre ces deux institutions, le Patriarcat et la Custodie, qui se trouvaient *de facto* en concurrence – situation créée par le Saint-Siège lui-même[103].

Le rayonnement de Mgr Valerga en Orient et en Occident. Mgr Valerga est resté fidèle à son poste malgré les nombreuses difficultés avec les autorités locales ottomanes, les puissances européennes (les consuls[104]), les autres religions chrétiennes (notamment les

---

[102] LE TOURNEAU, Dominique, 2012, p. 89.

[103] Voir BUFFON, Giuseppe, « *Relationes bibliographicae: Note a proposito di un libro intorno alla "dialettica istituzionale" tra patriarcato latino di Gerusalemme e custodia di Terra santa (1847-1872)* », in *Antonianum*, n° 82/3 (Rome), 2007, pp. 559-571.

[104] Opposition initiale de la France en raison de la nationalité de Mgr Valerga et tensions latentes ; opposition de l'Espagne (puissance dominante sur les Lieux saints au début du siècle et défendant les Franciscains) ; et tensions à cause de la Sardaigne (qui revendique historiquement le « trône » de Jérusalem).

Patriarches orthodoxe et arménien[105]), et ses coreligionnaires (principalement les Franciscains). Mais dix années après sa nomination, l'action de Mgr Valerga se voit confirmée par le Saint-Siège par l'octroi de nouvelles responsabilités[106].

Ainsi, au mois de février 1858, le Saint-Siège le nomme *Délégué Apostolique pour la Syrie et le Liban* à titre provisoire (titre qu'il occupera jusqu'à sa mort). Le poste de Délégué consiste à représenter le Saint-Siège auprès des hiérarchies locales, c'est-à-dire auprès des rites orientaux, et servir d'intermédiaire entre ces hiérarchies et le Saint-Siège (représentant environ 240 000 Catholiques orientaux unis à Rome). Mgr Valerga s'illustrera à ce poste.

Mgr de Wandelburg, biographe et ami du Patriarche, rédigera un compte-rendu des missions de Mgr Valerga en Terre sainte en soulignant la droiture et le sérieux du Patriarche à la fois dans sa vie spirituelle, dans la conduite de sa mission, et également dans une dignité patriarcale latine retrouvée. Le siège patriarcal latin semble alors faire une synthèse entre la tradition biblique et évangélique, réactualisée avec l'héritage croisé, et un certain exotisme oriental alors en vogue[107].

---

[105] Voir sa description dans l'article wikipedia "*Melkite Greek Catholic Church*" (consulté le 2 février 2021 à 8h15).

[106] Voir le journal « *L'ami de la religion et du roi* », n° 3, 1858, (Paris), p. 30.

[107] Voir MAGGIOLINI, Paolo, "*The revival of the Latin Patriarchate of Jerusalem and the rediscovery of the Holy Land during the nineteenth century*", in NETTON, Ian Richard (ed.), Orientalism Revisited, 2013, Routledge, p. 170.

Puis, en tant que prélat le plus qualifié de tout l'Orient[108], il est appelé en renfort pour le Concile Vatican I sur les questions soulevées par les Églises orientales et s'illustrera en soutenant « la définition de l'infaillibilité » papale en s'opposant tout particulièrement aux évêques gallicans[109].

Il devait alors recevoir son chapeau de cardinal, mais les évènements en décidèrent autrement[110] : le Concile fut ajourné puis Mgr Valerga décéda suite à une fièvre contractée en mission. Le Saint Père en apprenant sa mort dira : « *on ne remplace pas Valerga* »[111].

2. L'œuvre de Mgr Valerga : la réinvention de l'Ordre du Saint Sépulcre

Lors de l'Audience aux pèlerins réunis pour la béatification de Pie IX (4 septembre 2000), le pape Jean-Paul II a rappelé que « *Pie IX fut particulièrement attentif à la Terre sainte, où il voulut rétablir le Patriarcat latin de Jérusalem. Pour le soutenir, il rétablit ensuite l'Ordre équestre du Saint-Sépulcre de Jérusalem* »[112]. Les origines et le développement de l'Ordre du Saint-Sépulcre seront étudiés dans cette dernière partie.

---

[108] Il aura de nombreux surnoms laudatifs : la « *Colonne de l'Église d'Orient* », « *Le bras droit de Pie IX en Orient* », ou encore la « *Persona chiave – Kee person of the East...* », voir Courriel de F. KILDANI to W. SIMPSON, 2016, p. 1. Mais aussi des détracteurs : Mgr VALERGA est décrit comme un personnage ayant « *un carattere inflessibile, impaziente e irascibile* » voir BUFFON Giuseppe, 2007, p. 660.

[109] voir le « *Journal des Débats* », édition du 11 juin 1870, p. 2.

[110] HAUSSMANN de WANDELBURG, Emmanuel-Marie, 1883, p. 154.

[111] *Le Monde illustré*, n° 856 (Paris), 6 septembre 1873, p. 150.

[112] Discours du pape Jean-Paul II prononcé lors de l'Audience aux pèlerins réunis pour la béatification du pape Pie IX, le 4 septembre 2000.

Origine(s) : les chanoines et les chevaliers du Saint-Sépulcre

Une vaste littérature fait remonter l'existence de l'Ordre aux croisades, ce qui n'est pas exactement le cas[113].

1) Les Chanoines du Saint-Sépulcre.

Godefroy de Bouillon, dès son installation à Jérusalem, a structuré la vie spirituelle autour du Saint-Sépulcre. Dès l'arrivée des Croisés en 1099, il confie la garde et l'entretien de la basilique à vingt clercs qui forment ensemble un chapitre et prendront le nom de chanoine du Saint-Sépulcre[114]. Ils seront soumis à la règle de Saint-Augustin en 1114[115].

Le chapitre des chanoines, qui fut un vivier fécond de haut-prélats, a construit dès 1130 un réseau confraternel à travers l'Europe en distribuant privilèges et indulgences moyennant financements pour soutenir les croisades et la présence latine en Orient[116].

---

[113] voir KASPAR, Elm, "*Canons and knights of the Holy Sepulchre: A contribution to the origins and early history of the Military Orders of Palestine*", in Religious life between Jerusalem, the desert, and the world: selected essays, 1929, translated by MIXSON, James D., Ed. Brill (Leyden/Boston), 2016, p.189.

[114] BARBER, Malcom, The Crusader States, Yale University Press (New Haven), 2012, p. 108.

[115] TESSIER, Georges, « *Les débuts de l'Ordre du Saint-Sépulcre en Espagne* », voir Bibliothèque de l'école des chartes, tome 116, 1958, p. 15.

[116] voir BARBER, Malcom, 2012, pp. 279-280.

Quand Jérusalem puis Saint-Jean d'Acre tombèrent, les chanoines du Saint-Sépulcre quittèrent la Palestine pour s'établir en Europe où ils avaient de nombreux biens (surtout en Espagne et en Italie)[117]. Mais le dépérissement des chanoines du Saint-Sépulcre s'amorça inéluctablement avec leur départ de Terre sainte. Ils furent dissous en 1489 par le pape Innocent VIII qui n'autorisa le maintien que de quelques maisons autonomes[118].

2) **Les chevaliers du Saint-Sépulcre**. L'histoire des chevaliers du Saint-Sépulcre s'est déroulée de façon entièrement indépendante de celle des chanoines du Saint-Sépulcre[119].

Dès que les Franciscains ont desservi la basilique du Saint-Sépulcre (1327)[120], des individus, nobles le plus souvent, sont venus à Jérusalem recevoir sur le tombeau du Christ l'adoubement de chevalier[121]. Cet adoubement

---

[117] voir TESSIER, Georges, 1985, pp. 15-16.

[118] BRESC-BAUTIER, Geneviève, « *Bulles d'Urbain IV en faveur de l'Ordre du Saint-Sépulcre (1261-1264)* », in Mélanges de l'École française de Rome. Moyen-Age, Temps modernes, tome 85, n° 1, 1973, p. 293. Il reste aujourd'hui les « *Chanoinesses régulières du Saint-Sépulcre de Jérusalem* » également appelées les « Sépulcrines » (elles sont plus de 300 dont les maisons-mères se trouvent en Espagne, en Belgique et aux Pays-Bas).

[119] TESSIER, Georges, 1985, p. 14.

[120] MUSCAT, Noel, "*The daily procession in the basilica of the Holy Sepulchre*", revue Land of the Promise (Maltese Franciscans publication), n° 9 (Malte), avril 2012, p. 21.

[121] Le plus ancien témoignage de l'existence d'un chevalier du Saint-Sépulcre est rapporté par le chevalier allemand Guillaume de Boldensele et remonte à 1336 (originellemt appelé « *chevalier de la céleste Jérusalem* » ou « *chevalier doré de Jérusalem* »), VAN HERWAARDEN, Jan, Between Saint James and Erasmus, Studies in Late-Medieval religious life: Devotion and pilgrimage in the Netherlands, traduction par SHAFFER Wendie et GARDNER Donald, Ed. Brill (Leiden), 2003, p. 293.

fut d'abord conféré par un chevalier laïc, les Franciscains n'intervenant qu'à titre d'assistants privilégiés[122].

Cette « *consécration de la chevalerie au Saint-Sépulcre* » est décrite comme « *l'élaboration d'un rite quasi solitaire qu'Église et Occident accepteront presque malgré eux, par l'audace de quelques champions isolés, errants ou survivants de la croisade.* »[123] Et c'est « *en mettant la main sur le privilège d'adoubement,* [que] *les Franciscains ont parfait le déroulement du rite dans le développement de la cérémonie et dans la fixation du rite à la nuit* »[124].

Le pape Alexandre VI accordera verbalement au Custode de Terre sainte (en 1496) le droit d'armer exclusivement *Chevalier du Saint-Sépulcre* les pèlerins méritants et distingués qui affronteraient les dures épreuves du voyage en Terre sainte[125]. Les Custodes ne cessèrent jamais d'exercer ce droit jusqu'en 1848. De 1500 à 1848, ce sont ainsi 1835 chevaliers qui seront adoubés[126].

---

[122] Le dernier des chevaliers « collateurs » sera Jean de Prusse (mort en 1498), voir GENNES (de), Jean-Pierre, Les Chevaliers du Saint-Sépulcre de Jérusalem, Tome I, Imprimerie F. Paillart (Abbeville), 2004, pp. 339-340.

[123] DUPRONT, Alphonse, 1997, p. 606.

[124] DUPRONT, Alphonse, 1997, p. 609.

[125] C'est par la bulle *Divina Disponente Clementia* du 23 juillet 1561 que Pie IV confirmera cette prérogative.

[126] BERTHOD, Bernard et BOUESSEE, Joël, « *Histoire brève de l'Ordre du Saint-Sépulcre de Jérusalem* », in Mémento du Chevalier du Saint-Sépulcre de Jérusalem, Ordre du Saint-Sépulcre (Versailles) 2003, pp. 32-33. Les chevaliers de l'Ordre venant de France durant cette période sont pour près de la moitié des chevaliers de Provence et de Marseille, et moins de la moitié sont nobles, GENNES (de), Jean-Pierre, Les Chevaliers du Saint-Sépulcre de Jérusalem, Tome II, Imprimerie F. Paillart (Abbeville), 2004, p. 292.

Les chevaliers créés au Saint-Sépulcre ne formèrent jamais un ordre monastique, c'étaient au contraire des Chrétiens isolés qui rentraient après leur pèlerinage dans la vie civile seulement obligés par un serment libre, volontaire et solennel[127]. Les Franciscains gardant cependant un contrôle actif sur l'Ordre et ce jusqu'en 1848[128].

Le dernier chevalier adoubé par un Franciscain sera Mgr Valerga lui-même. Avec la restauration du Patriarcat, cette fonction sera octroyée au Patriarche, l'évêque de Jérusalem. De cette institution, héritage de l'histoire et portée à travers les siècles par les Franciscains, Pie IX va donner aux chevaliers du Saint-Sépulcre un but en leur assignant le rôle de soutenir le patriarcat latin nouvellement restauré[129].

Le réinventeur de l'Ordre ? Il est vraisemblable que Mgr Valerga n'attachait pas d'importance à l'Ordre avant sa nomination patriarcale[130]. C'est lors de son arrivée en Terre sainte qu'il comprit rapidement que l'Ordre pourrait être utilisé pour servir le Patriarcat et il s'appliqua à étudier son histoire et ses statuts[131].

---

[127] "*And yet the knights of the Holy Sepulchre* [...] *were still far from a true corporation. They were somewhere in between the secular orders of knights* [...] *and the brotherhood that had spread so dramatically since the high middle ages*", voir KASPAR, Elm, 2016, p.192.

[128] Dénonçant un usurpateur s'étant déclaré illégalement représentant de l'Ordre, voir « *Lettre du Ministre Général des Frères Mineurs du 3 juin 1844* », Journal « *L'Ami des religions et du roi* », n° 6, 1844 (Paris), pp. 625-629.

[129] GENNES (de), Jean-Pierre, Tome I, p. 463.

[130] BORROMEO, Agostino, 2012, p. 106.

[131] KILDANI, Hanna, 2010, p. 345.

En plus du constat de « *l'état de décadence dans lequel sombrait l'institution* »[132], il identifia deux freins importants pour le développement de l'Ordre :
- la non-reconnaissance de l'Ordre au niveau international avec des disparités importantes concernant les uniformes et les usages ; et
- l'existence du seul grade de chevalier (ne tenant pas compte des mérites différents des candidats).

Monseigneur Valerga rédigea un projet de réorganisation de l'Ordre qu'il soumit à la Propagande en 1848[133]. Il revint à la charge pendant 20 ans et c'est en 1868 que la Propagande statua. Les raisons ne sont pas clairement établies mais cette lenteur de la Propagande pourrait s'expliquer par la volonté de ne pas froisser les Franciscains[134], mais aussi car la Propagande attendait des résultats tangibles (voire concrets) de la part de Mgr Valerga avant d'aller plus loin[135].

---

[132] BORROMEO, Agostino, 2012, p. 106 et notamment la facilité d'être adoubé, la réduction à l'attribution d'une simple décoration, l'éloignement du but originel de défendre les Lieux saints, et des contributions financières faibles.

[133] Mgr Valerga propose un plan de réforme de l'institution : placer le Patriarche comme Grand Maître de l'Ordre, des baillis nommés dans chaque nation catholique, définition d'obligations précises des chevaliers,...

[134] Ce changement a été fait en effet au détriment des Franciscains (les archives de l'Ordre avant 1848 sont d'ailleurs encore chez les Franciscains). Notons que Pie IX était membre du tiers ordre franciscain et que son procès en canonisation a été initié par le tiers ordre franciscain de Vienne.

[135] Kildani explique cette très lente réactivité de la Propagande de la manière suivante : *"I have the impression that Rome did the reformation of the Order slowly waiting to see the reaction of the Franciscans which were (and still) powerful in Rome... On the other side Rome waited to see real facts and achievement of Valerga."*. voir Courriel de F. KILDANI to W. SIMPSON, 2016, p. 2.

Entre-temps, Mgr Valerga procède à de nombreux adoubements. L'un des témoins est le consul James Finn qui tourna légèrement en dérision cette pratique[136].

Renaissance de l'Ordre. Le 24 janvier 1868, Pie IX publia la Lettre Apostolique *Cum multa sapienter*, qui peut être considérée comme la charte de la renaissance de l'Ordre et l'ébauche de ses premiers statuts[137]. Par cet acte, Pie IX reconfirmait le caractère religieux de l'Ordre, conférerait le titre d'administrateur et de recteur de l'Ordre au Patriarche et, à ce titre, il pouvait dorénavant conférer l'adoubement par délégation du Siège Apostolique[138]. Il fixait également trois degrés d'appartenance à l'Ordre et les insignes étaient énumérés en détail afin, à l'avenir, d'éviter toute confusion[139].

Le Patriarche s'employa à créer un réseau de représentants et procureurs personnels dans les principales villes européennes. De 1848 jusqu'à sa mort en 1872, 1417 chevaliers furent ainsi adoubés. Du vivant de Mgr Valerga, une seule femme fut admise, à la demande de Pie IX.

---

136 FINN, James, volume 2, 1878, pp. 264-265: *"Only conceive the odd circumstances of the* [...] *solemn vows being made at the Sanctissimo Sepolcro* [...] *within ear-shot of the Moslem effendis* [...] *Strange, among the many strange things done by Europeans within the Sultan's dominions!"*.

137 « *Ordre du Saint-Sépulcre : lettre apostolique accordant de nouveaux insignes à l'Ordre des chevaliers du Saint-Sépulcre* », revue *La Terre sainte*, n° 82 (Rome), 1er décembre 1878, pp. 873-875.

138 Les destins du Patriarcat et de l'Ordre devenaient ainsi intimement liés.

139 Valerga *"gave the long-disorganized brotherhood of knights the formal shape of a papally approved military order"* [...] "*Its exclusively noble character, as well as its character as an order of service, were downplayed, its religious and fraternal dimensions emphasized*", voir KASPAR, Elm, 2016, p.194.

L'entretien du clergé, du séminaire, des établissements religieux, écoles, est dû en grande partie à la contribution fournie par l'Ordre. Ni ordre honorifique, ordre religieux ou confrérie pieuse, les membres de l'Ordre se distinguent par une vie chrétienne exemplaire, un idéal de service désintéressé, et un soutien spirituel, moral et matériel des Chrétiens de Terre sainte[140].

Le pape François a récemment rappelé que l'Ordre du Saint-Sépulcre constitue *« une antique institution pontificale placée sous la protection du Saint-Siège »* qui soutient matériellement et spirituellement, au côté du Patriarcat latin de Jérusalem, *« les populations de Terre sainte »*. Il souligne également que l'objectif principal de l'Ordre *« réside dans la croissance spirituelle de ses membres »*[141].

CONCLUSION

Les quelques lignes précédentes ont permis de saisir l'origine relativement tardive du Patriarcat de Jérusalem au sein de la Pentarchie. Le Patriarcat « *latin* » de Jérusalem a été pour sa part créé par les Croisés lors de la prise de Jérusalem en 1099 et non par décision du pape d'alors. Le rétablissement du Patriarcat latin en 1847 a été quant

140 GENNES (de), Jean-Pierre, Tome II, p. 277. Sur ce point, van Duren distingue les "*Pontifical orders of knighthood*" (les ordres pontificaux qui sont des décorations remises par le pape en récompense de certains mérites comme l'Ordre de Pie IX ou l'Ordre de Saint-Grégoire-le-Grand) et les "*Religious but non-pontifical orders of knighthood*" (incluant les seuls ordres de Malte et du Saint-Sépulcre), voir BANDER VAN DUREN, Peter, Orders of Knighthood and of Merit, Colin Smythe (Gerrards Cross), 1995, pp. 55 ; 167.

141 Discours du pape François aux membres du Conseil de l'Ordre équestre du Saint-Sépulcre de Jérusalem, Salle Clémentine, 16 novembre 2018, texte disponible sur www.vatican.va (consulté le 3 mai 2022 à 18h30).

à lui une réponse du Saint-Siège aux différents enjeux géopolitiques et religieux du milieu du XIXe siècle.

De son côté, le rôle des Franciscains dans la pratique multiséculaire des adoubements de chevaliers sur le Sépulcre du Christ a été souligné, et le rattachement de l'Ordre des chevaliers du Saint-Sépulcre au Patriarcat latin décidé par Pie IX a été expliqué comme le fruit d'une mise à disposition d'un outil pastoral et de soutien financier exclusivement au service du Patriarcat latin.

Le rétablissement du Patriarcat nous invite à nous poser la question des liens qu'entretiennent les Catholiques latins avec Jérusalem. *« L'élection de cette terre est d'être un dépôt du temps, mais un dépôt vivant »*[142] où le Chrétien apprend à connaître la vertu de l'Evangile par *« le témoignage des Lieux mêmes »*[143].

[142] DUPRONT, Alphonse, 1997, p. 946.

[143] Le « Journal des Débats », édition du 20 octobre 1847 (Paris), p. 1.

LE STATUT DE JÉRUSALEM AU REGARD DU DROIT INTERNATIONAL PUBLIC

La *Conférence Saint-Yves* (CSY), la *European Law Student Association* (ELSA) et le *Comité pour une Paix Juste au Proche Orient* (CPJPO), ont organisé ensemble une conférence sur le statut de Jérusalem au regard du droit international public qui a eu lieu le 13 mai 2019 dans le Couvent des Pères Rédemptoristes à Luxembourg.

À la suite des traditionnels propos introductifs du Président de la Conférence Saint-Yves, le Professeur Matthew Happold a remis dans son contexte le sujet de la conférence en abordant la question de Jérusalem et de la Terre sainte depuis la fin de l'Empire Ottoman. Puis Maître Gilles Devers a proposé d'analyser le statut de Jérusalem en posant deux questions : quel est le statut juridique de Jérusalem actuellement ? Et qu'est-ce que l'on peut en faire aujourd'hui ?

La pédagogie et la promotion d'une vision vivante et accessible à tous de la pratique juridique, deux points extrêmement importants pour la Conférence Saint-Yves, étaient au cœur de cette conférence et ont permis aux auditeurs de donner un cadre compréhensible à ce sujet sensible et de « se l'approprier ».

JÉRUSALEM ET LA TERRE SAINTE DEPUIS LA FIN DE L'EMPIRE OTTOMAN PAR LE PROFESSEUR MATTHEW HAPPOLD

Le Professeur Matthew Happold est Professeur en droit international public à l'Université de Luxembourg. Il a enseigné auparavant notamment dans les universités de Hull, Nottingham et Sussex.

Après des remerciements aux organisateurs, le Professeur Happold a précisé que son propos se limitera à donner des éléments d'introduction à la fois historiques et juridiques concernant le statut international de Jérusalem et des Lieux saints.

Les capitulations. Jérusalem est un lieu hors du commun : c'est une ville sainte pour le judaïsme, le christianisme et l'islam. Cette situation de ville trois fois sainte est reconnue depuis longtemps en droit international. Ainsi, sous le système des *Capitulations* applicable sous l'Empire ottoman, la France a assumé le rôle de protecteur des Catholiques et la Russie des Orthodoxes. Cela a été confirmé lors du traité de Berlin en 1872 qui prévoyait que les droits et les protections offerts par les représentations diplomatiques des puissances européennes sont reconnus tant en ce qui concerne les ecclésiastiques, les pèlerins qui voyagent en Turquie ainsi que les établissements religieux et autres lieux situés dans les Lieux saints. Le Traité de Berlin a également consacré le *Statu quo* dans les Lieux saints et confirmé les droits cédés à la France depuis le premier traité de Capitulations au XVIe siècle.

Le mandat britannique. Après la Première Guerre Mondiale et suite à l'effondrement de l'Empire Ottoman, le mandat sur la Palestine est confié à l'Empire britannique par la toute nouvelle Société des Nations (SDN). Selon les termes du mandat de la SDN, le mandataire assume toute responsabilité au sujet des Lieux saints, des édifices et des sites religieux en Palestine, y compris celui de préserver le libre accès aux lieux saints, aux édifices et aux sites religieux et le libre exercice du culte. Le code prévoit que le présent mandat ne peut pas être interprété comme autorisant à intervenir dans l'administration des sanctuaires purement musulmans dont les privilèges sont également garantis.

La résolution de l'ONU. La toute récente Organisation des Nations Unies (ONU) a adopté le 29 novembre 1947 la Résolution 181 intitulée « *Plan de partage avec union économique* ». La Résolution 181 propose le partage des territoires de la Palestine entre un État juif et un État arabe. Jérusalem serait alors sous contrôle international. Ainsi, la Résolution 181 recommande la création d'un *corpus separatum*, c'est-à-dire l'instauration d'un régime international spécial avec la création d'un Conseil de tutelle des Nations Unies avec la nomination d'un gouverneur pour le représenter. Un chapitre entier du plan de partition de la Résolution 181 est consacré aux Lieux saints et aux sites religieux. La Résolution 181 stipule : « *En ce qui concerne les Lieux saints, la liberté d'accès, de visite et de transit sera garantie, conformément aux droits existants, à tous les résidents ou citoyens de l'autre État et de la Ville de Jérusalem, ainsi qu'aux étrangers, sans distinction de nationalité, sous réserve de considérations de sécurité nationale et du maintien de l'ordre public et de la bienséance* ».

Comme nous le savons, cette Résolution 181 n'a jamais été appliquée. L'armistice signée entre Israël et la Jordanie qui a mis fin au conflit armé de 1948 a vu une partition *de facto* de la ville de Jérusalem. Israël et la Jordanie ont garanti l'accès aux Lieux saints au terme de cet armistice.

Conflits Israël/Palestine. Suite à la guerre de 1967, la Jordanie a été expulsée de Jérusalem-Est et de la Cisjordanie par Israël. Suivant la Cour Internationale de Justice (CIJ), l'engagement pris par Israël dans l'accord d'armistice de 1948 reste valable pour tous les Lieux saints sous son contrôle - incluant ceux qui sont passés sous le contrôle d'Israël à la suite de la guerre de 1967. Cet engagement a été confirmé par le Traité de paix en 1994 entre Israël et la Jordanie selon laquelle chacun des deux parties contractantes donnera la liberté d'accès aux sites ayant une signification religieuse et historique.

La Résolution 242 du 22 novembre 1967 du Conseil de sécurité des Nations Unies adoptée après la guerre des Six Jours ne mentionne pas Jérusalem. Cette résolution exige cependant l'instauration d'une paix juste et durable au Moyen-Orient sur base du retrait des forces armées israéliennes des territoires occupés lors de ce conflit y compris de Jérusalem-Est.

Toutefois, lors de l'occupation de Jérusalem-Est en 1967, Israël a proclamé les nouvelles limites municipales de la ville de Jérusalem en incorporant de fait des parties de Jérusalem qui étaient sous l'autorité jordanienne, y compris la vieille ville. Depuis lors, toute la ville est sous l'autorité d'Israël.

Le statut de Jérusalem en droit interne et en droit international ? En juillet 1980, Israël a adopté une loi sur le statut de la ville de Jérusalem déclarant que Jérusalem est la capitale unifiée d'Israël. Par la Résolution 478, le Conseil de sécurité des Nations Unies a condamné cette loi, déclarant qu'elle constitue une violation du droit international et qu'elle est *« nulle et non avenue »*. Le Conseil de sécurité des Nations Unies a enjoint les États membres ayant une représentation à Jérusalem de les retirer. Treize ambassades ont quitté la ville à la suite de la Résolution 478.

La position nord-américaine. Le 6 décembre 2017, le président Donald J. Trump reconnaît Jérusalem comme capital d'Israël et il ordonne le transfert de l'Ambassade des États-Unis de Tel-Aviv à Jérusalem. C'est à la suite de cette décision que l'Autorité palestinienne a entamé une action contre les États-Unis devant la CIJ.

Maître Gilles Devers abordera plus en détail la question du statut de Jérusalem dans le droit international présent. Il convient de rappeler que Maître Devers est Avocat au Barreau de Lyon et titulaire d'une habilitation à diriger des recherches à l'Université Lyon-3. Il partage son activité entre le secteur sanitaire et social, et la défense des minorités à l'international comme la Palestine et le Sahara occidental. Il a ainsi représenté les Palestiniens devant la Cour pénale internationale (suite aux crimes de guerre lors de la guerre de Gaza de 2008-2009, 2014, et 2021). Il a également représenté le Front Polisario (représentant le peuple du Sahara occidental) devant la Cour de justice de l'Union européenne.

QUEL EST LE STATUT DE JÉRUSALEM AUJOURD'HUI ? PAR MAÎTRE GILLES DEVERS

Maître Devers introduit son propos en déclarant que sa « *parole n'est pas totalement neutre sur ce sujet* », car il est un acteur actif dans la défense des droits des Palestiniens. En tant que professionnel du droit, il doit en toute hypothèse rechercher la précision des faits et la justesse de l'analyse, mais sur un dossier aussi contentieux, il y a toujours une part d'interprétation.

L'existence d'un État de Palestine. Sur la question du statut juridique de Jérusalem, les lectures de la Palestine et du Conseil de sécurité des Nations Unies s'accordent sur un point, à savoir que la législation israélienne est inapplicable car tout Jérusalem-Est relève du régime de ces territoires militairement occupés, définis par la quatrième Convention de Genève[144]. L'ONU n'a donné aucune reconnaissance à Jérusalem comme capitale de l'État d'Israël.

La position de la Palestine est basée avant tout sur la souveraineté nationale et de l'application du principe de la liberté des peuples à disposer d'eux-mêmes. Pour parler de la question de Palestine, il faut donc revenir à l'état antérieur c'est-à-dire le mandat de 1921 donné par la Société des Nations (SDN) à la Grande-Bretagne. Il s'agit en l'espèce d'un mandat d'administration par rapport à un peuple qui était reconnu et qui s'appelle le peuple palestinien sur le territoire de la Palestine. Trop souvent, les analyses commencent avec le plan de partage de 1947 et on entend que l'ONU a créé Israël en partageant les territoires. Maître Devers rappelle que l'ONU n'avait rien partagé du tout dans la mesure où elle n'en avait pas la possibilité. L'ONU n'avait ni terre ni souveraineté en Palestine. L'ONU pouvait donner les chaises, armoires et tables, mais elle était dans l'incapacité de donner quelque souveraineté que ce soit. L'ONU a simplement élaboré une résolution du plan de partage, qui n'a jamais été votée. La présentation de ce plan porte une

[144] Convention (IV) de Genève relative à la protection des personnes civiles en temps de guerre, 12 août 1949.

lourde responsabilité, car elle a légitimé les événements de 1948 et la Nakba (l'exode palestinien de 1948), mais elle n'a pas d'effets juridiques directs.

Le terme de « plan de partage » d'ailleurs est important. Il pose en effet le principe qu'il y a quelque chose à partager... De telle sorte que déjà, en 1947-1948, l'ONU énonce sans ambiguïté que la Palestine existait et qu'on peut donc la partager.

La documentation sur la période 1920-1948 est très intéressante car elle démontre la réalité de l'existence de l'État de Palestine : un État sous mandat, mais un État, avec une population composée de Musulmans, de Chrétiens et de Juifs.

Les archives de la SDN établissent que la Palestine était considérée comme un État. Dans une décision célèbre qui répartissait la dette de l'Empire ottoman, la Palestine est considérée comme un État comme les autres, selon les mots mêmes de la décision arbitrale.

La Cour de cassation d'Égypte a également reconnu l'État de Palestine dans une affaire impliquant une société de transport qui avait son siège en Palestine. Ainsi, dans cette affaire une personne a été blessée dans une gare égyptienne par un train géré par la société nationale palestinienne de chemin de fer. Cette personne a introduit un recours devant un tribunal égyptien contre cette société. La société de transport a déclaré être de nationalité palestinienne et a soutenu que le seul recours possible contre elle devait être introduit devant une juridiction palestinienne. La Cour de cassation égyptienne a répondu que ce raisonnement aurait été exact, au titre du régime de l'immunité, s'il s'agissait d'un service de l'État de Palestine. Dans ce cas, elle aurait en effet joui d'un privilège d'immunité de juridiction en Égypte. Cependant, en l'espèce, il s'agissait d'une simple société commerciale, indépendante de l'État, et donc la Cour égyptienne a été reconnue compétente pour trancher le litige.

Il existe de nombreux contentieux similaires reconnaissant la Palestine comme État. Ainsi, dans une affaire où un ressortissant palestinien contestait une décision d'expulsion du territoire anglais devant la juridiction compétente à Londres, ce dernier soutenait qu'il était un ressortissant britannique dans la mesure où la Palestine était sous mandat britannique. La Cour de Londres, en 1939, a clarifié que bien qu'étant né en Palestine, sous mandat britannique, cela ne faisait pas de lui un sujet de la Couronne. La Cour a rappelé que la Palestine était un État tiers par rapport au Royaume-Uni.

Jérusalem : un statut à part ? Tout d'abord, il faut bien déterminer ce dont on parle, car ce que l'on entend par Jérusalem a considérablement évolué au fil du temps.

Historiquement, Jérusalem est la vieille ville, soit la « Ville sainte », c'est-à-dire un tout petit territoire de 1 km^2 qui accueille les lieux sacrés des trois grandes religions monothéistes, et les alentours immédiats, pour un total de 6 km^2. Après 1948, le jeune État d'Israël a laissé intact la vieille ville, qui a été placée sous l'administration de la

Jordanie, et s'est emparé de la petite partie ouest, étendant progressivement les limites de la ville sur son territoire sur 40 km^2. En 1967, dans la foulée de la guerre des Six Jours, Israël a pris le contrôle et annexé les 6 km^2 de la vieille ville et des quartiers immédiats. Israël a également décidé une extension du périmètre de la ville sur un territoire de 64 km^2 sur celui de la Cisjordanie, absorbant ainsi 28 villages palestiniens. Il y avait ainsi Jérusalem-Ouest de 40 km^2 et Jérusalem-Est de 70 km^2, qui seront ensuite unies par la loi fondamentale de 1980 pour une ville de 110 km^2... qui est désormais incluse dans une vaste métropole de 500 km^2 largement assise sur une couronne de colonies implantées en Cisjordanie (qui représentent plus de la moitié de la population des colonies israéliennes). Le but essentiel est que Jérusalem ne soit pas une ville frontière.

La résolution 181 de l'assemblée générale des Nations Unies, sur le plan de partage, comporte la phrase suivante : *« La ville de Jérusalem sera constituée comme corpus separatum sous un régime international spécial et sera administrée par les Nations Unies »*. La résolution mentionne également qu'aucune discrimination ne sera faite entres les habitants de Jérusalem, que la ville sera démilitarisée et que sa neutralité sera proclamée. La résolution mentionne également que concernant les Lieux saints en dehors de Jérusalem, le Gouverneur de Jérusalem prendra les dispositions adéquates en vertu des pouvoirs conférés par la constitution de l'un ou l'autre État (arabe ou juif) relatifs à ces lieux.

Les arabes n'avaient aucune raison d'accepter cette internationalisation, car ils étaient dans la logique simple d'un seul État pluriconfessionnel. Il s'agissait à l'époque de la vieille ville et des alentours immédiats, soit au total 6 km², et rien dans la vie de la cité, notamment pour l'accès aux Lieux Saints, ne justifiait cette internationalisation. Ainsi, entrer dans le débat de l'internationalisation, c'était statuer sur une conséquence de l'établissement de l'État juif en Palestine, ce qu'ils refusaient.

La guerre israélo-arabe de 1948 en décidera autrement et aboutira aux accords d'armistice de 1949, qui constitueront le statut applicable de Jérusalem jusqu'en 1967, autour de la « ligne verte » du cessez-le-feu. Les frontières adoptées étaient provisoires et n'ont aucune incidence sur la souveraineté des États suivant les termes de cet accord.

En 1949, le cabinet Ben Gourion déclare le transfert de la capitale à Jérusalem-Ouest, qui était vidée de toute présence arabe. Jérusalem-Est, y compris la vielle ville, a été placée sous administration de la Transjordanie.

En 1967, lors de la guerre des Six Jours, l'armée israélienne s'est emparée avec une grande facilité de Jérusalem-Est, et a immédiatement enclenché le processus de colonisation, avec deux piliers.

Le premier pilier a été l'extension territoriale, qui a été considérable. Les autorités israéliennes ont repoussé la frontière de Jérusalem en incluant la vieille ville et ses abords immédiats soit 6 km^2 mais également 64 autres km^2 en direction de l'Est, absorbant ainsi les territoires de 28 villages palestiniens, qui sont devenus parties prenantes de Jérusalem-Est.

Le second pilier est la décision d'appliquer la loi israélienne sur ces territoires, alors que manifestement il s'agissait - et il s'agit toujours - de territoires occupés au sens de la quatrième Convention de Genève. Les Palestiniens de Jérusalem-Est ont depuis lors un statut de « résidents permanents » qui de lui-même ne donne aucun accès à la citoyenneté.

Suivra le 30 juillet 1980, la loi fondamentale, qui est en quelque sorte la constitution, aux termes de laquelle la ville est considérée comme unifiée et son statut de capitale de l'État d'Israël est officiellement réaffirmée.

En réaction, le Conseil de sécurité des Nations Unies a rejeté les dispositions prises unilatéralement par Israël en vue de modifier le caractère et le statut de la ville sainte de Jérusalem. Depuis, sa ligne est constante : ces mesures n'ont aucune validité en droit, constituent une violation flagrante de la Convention de Genève relative à la protection des populations civiles en temps de guerre et font en outre obstacle à l'instauration d'une paix d'ensemble juste et durable au Moyen-Orient. Le droit international est donc bien affirmé : toutes les mesures qui ont modifié le caractère géographique, démographique, historique et le statut de la ville sainte de Jérusalem sont nulles et non avenues.

La résolution appelle également les États qui ont établi des missions diplomatiques à Jérusalem de retirer ces missions de la Ville sainte.

La déclaration de Donald J. Trump. Le Président des États-Unis a annoncé en décembre 2017 le transfert de l'ambassade américaine à Jérusalem. Il convient de préciser qu'il y avait déjà un consulat des États-Unis à Jérusalem et que c'est ce même consulat qui a été transformé en une ambassade. C'est une mesure qui a une portée symbolique extrêmement forte mais qu'il convient de remettre dans son contexte.

En effet, le transfert de l'ambassade était une promesse électorale de Bill Clinton lors de sa campagne de 1992. Une fois élu, il a fait voter cette mesure par son Congrès en 1995. Dans le contexte d'alors, cette mesure était difficilement applicable et l'exécution de cette décision a été reportée de 6 mois en 6 mois sous sa présidence, puis celle de Bush et enfin d'Obama. D'un point de vue juridique, Trump n'a fait que mettre en œuvre une décision qui datait de près de 20 ans et qui était dans le programme de Bill Clinton.

Cette décision a enclenché une procédure introduite par l'État de Palestine devant la CIJ sur base de la violation de la Convention de Vienne sur les relations diplomatiques du 18 avril 1961. Ce litige est intéressant pour deux raisons :
– il est rédigé au nom de l'État de Palestine et non pas de celui de l'« *Autorité palestinienne* » donnant un poids bien

plus considérable au litige. La partie demanderesse agit ici au nom de l'État de Palestine sous la signature de son Premier ministre et de son ministre des Affaires étrangères.
– et ce litige implique les États-Unis qui ont décidé d'implanter leur ambassade sur un territoire que le Conseil de sécurité des Nations Unies lui-même (et dont les États-Unis sont membre) ne reconnaît pas comme faisant partie du territoire.

Pourtant, ce litige est-il fondamental ? La réponse est négative car il existe un consensus sur le statut de Jérusalem qui condamne la situation actuelle. Le débat est rendu plus complexe par la volonté de la communauté internationale de créer un statut à part, le *corpus separatum* de 1948, à partir d'un texte qui n'a pas de portée juridique directe (c'est une recommandation) et donc les modalités n'ont jamais pu être arrêtées.

Que faire aujourd'hui ? À la suite de son exposé sur le statut de Jérusalem en droit international, Me Devers aborde une série de questions sur la question des territoires occupés par Israël et comment défendre les Palestiniens de manière pratique. La conférence prenant un aspect plus militant ici, nous avons retranscrit seulement quelques exemples donnés par Me Devers qui conserve tout leur intérêt d'un point de vue juridique.

Me Devers considère que la Haute Cour de justice d'Israël n'a pas compétence pour appliquer la loi israélienne à propos des affaires qui relèvent des territoires occupés. Il dénonce les arrêts de cette Cour qui n'aurait pas la souveraineté ni l'autorité pour ordonner des destructions sur le territoire palestinien. Il considère qu'Israël est tenu par ses obligations de puissance militaire occupante et que ni l'administration et ni les juges ne peuvent statuer sur la propriété ou la légalité de construction en ignorant le droit international. Il considère qu'il y a donc des actions à mener sur le plan juridique.

Le recours à la CPI concernant la destruction de propriété. Il considère que toutes les affaires de destructions de biens immobiliers devraient aller devant la Cour pénale internationale (CPI) et il prend l'exemple de la communauté bédouine de Khan al-Ahmar (environ une centaine de personnes). C'est un territoire qui est l'un des points de passage entre Jérusalem-Est et le reste de la Cisjordanie et constitue un territoire de vie. Le principal sujet est la destruction massive de propriété sans nécessité militaire avec des transferts de population dans un territoire occupé. Cela peut constituer un crime de guerre qui relève du Statut de Rome. À ce sujet, le Parlement européen a publié une déclaration dans laquelle toute l'argumentation est détaillée[145]. Il faut ajouter en conséquence de quoi une plainte est déposée devant la CPI.

Des stratégies alternatives. Il propose différentes stratégies pour protéger les biens des Palestiniens pouvant être potentiellement détruits par Israël. En premier lieu, il propose de mettre certains biens en indivision ou avec

[145] Voir la Résolution du Parlement européen du 13 septembre 2018 sur la menace de démolition de Khan el-Ahmar et d'autres villages bédouins (2018/2849(RSP)).

une réserve de clause de propriété avec des propriétaires étrangers, ce qui crée un élément d'extranéité avec la possibilité d'offrir de nouveau fors compétents en cas de destruction illégale. Dans la même logique, il propose d'utiliser les mécanisme de l'assurance en créant les mêmes liens d'extranéité et de nouvelles juridictions compétentes.

LES COPTES, CHRÉTIENS D'ÉGYPTE

La *Conférence Saint-Yves* et la lieutenance luxembourgeoise de l'*Ordre Équestre du Saint-Sépulcre de Jérusalem* ont organisé une conférence sur « *Les Coptes, Chrétiens d'Égypte* ».

Cet évènement a eu lieu le 6 décembre 2021 en l'église Saint-Michel à Luxembourg-ville. Le conférencier était Monsieur Christian Cannuyer, Professeur à la Faculté de Théologie de Lille et Directeur de *Solidarité-Orient/Werk voor het Oosten* (Bruxelles).

Égyptologue et spécialiste des Coptes, le Professeur Cannuyer est l'auteur de nombreux livres sur le sujet incluant les deux ouvrages de référence (réédités régulièrement) : *Les Coptes* (Collection « Fils d'Abraham », 1990) et *L'Égypte copte. Les Chrétiens du Nil* (Collection « Découvertes », 2000).

DE L'HÉRITAGE DES PHARAONS AUX INCERTITUDES DES RÉVOLUTIONS ARABES

Les plus nombreux des Chrétiens du monde arabe. De toutes les communautés chrétiennes du monde arabe, les Coptes sont les plus nombreux. Moins touchés que les autres Chrétiens d'Orient par le phénomène de

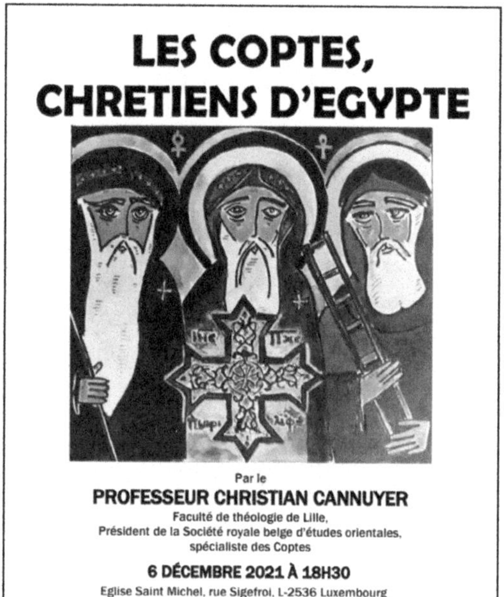

l'émigration[146], ils représentent la force vive du christianisme dans cette région qui l'a vue naître. Ne serait-ce que par son poids démographique, le futur de la communauté chrétienne d'Égypte revêt un enjeu capital pour

[146] Ne serait-ce que parce que très nombreux sont les Coptes qui, appartenant à la ruralité ou aux franges les plus pauvres de la société (ainsi les *zabbalin*, « chiffonniers » du Caire), n'ont tout simplement pas les moyens matériels de quitter le pays.

tous les Chrétiens d'Orient. C'est un des motifs qui justifie qu'on lui réserve une attention particulière.

La question du nombre des Chrétiens d'Égypte est néanmoins une bouteille à encre. Les chiffres officiels avancés par les gouvernements égyptiens successifs les comptent pour environ 6 % de la population, soit un peu plus de 5 millions, mais ce chiffre est considéré comme une *noqta* (une « plaisanterie ») par la plupart des Coptes. Certains spécialistes occidentaux considèrent cependant qu'il correspond à la réalité. L'Église avance parfois la proportion de 15 à 20 % de Coptes, ce qui est certainement une surestimation. Beaucoup d'observateurs acceptent une hypothèse médiane, considérant que les Coptes sont à peu près 10 % de la population (soit environ 8 millions). Quoi qu'il en soit, ils forment le plus grand « peuple chrétien » du Proche-Orient. Ils sont plus nombreux que les Wallons ou que les Danois. La grande majorité est « orthodoxe » (« non chalcédonien »), les Coptes catholiques n'étant qu'à peine 200 000 et les protestants peut-être moins encore[147]. Concentrés au XIXe siècle en Haute Égypte et surtout dans les provinces de Minyâ et d'Assiout, où ils restent particulièrement nombreux, les Coptes sont désormais éparpillés partout en Égypte,

[147] C'est principalement dans le courant du XIXe siècle que ces communautés coptes catholiques et protestantes se sont formées sous l'action du prosélytisme occidental. Extrêmement minoritaire, l'Église copte catholique n'en exerce pas moins une influence non négligeable, en raison de son réseau éducatif et de ses œuvres sociales. Les diverses communautés protestantes, réunies en un Synode du Nil, ont, quant à elles, assez résolument rompu avec la tradition spécifiquement copte, notamment sur les plans théologique et liturgique.

même dans les cités du Delta, dans la région du canal de Suez ou dans les ports de la mer Rouge, où ils étaient naguère quasi absents.

Un christianisme très ancien, au patrimoine original et précieux. Le christianisme égyptien est particulièrement attachant. Notamment parce que l'Égypte est une des terres aînées de notre foi, où la Bonne Nouvelle s'est implantée dès le Ier siècle de notre ère, d'abord à Alexandrie et sans doute en milieu juif, puis dans la vallée et parmi la population indigène. Comme partout ailleurs, la progression de la foi nouvelle a été lente, n'atteignant vraisemblablement pas 10 % de la population au début du IVe siècle, lorsque l'Édit de Milan promulgué par l'empereur Constantin (313) accorda la liberté religieuse aux Chrétiens jusque-là persécutés. Mais déjà, l'École catéchétique d'Alexandrie (le *Didascalée*) avait jeté les fondements de la théologie spéculative chrétienne, avec des grands noms comme Clément († v. 220), Origène († v. 253), Denys († v. 265) et Athanase (v. 298-373), défenseur acharné de la divinité de Jésus définitivement proclamée au concile de Nicée (325). À la même époque, naissait dans le désert d'Égypte et s'épanouissait le monachisme, dont l'apport au christianisme universel allait être si déterminant. Devenu religion obligatoire de l'empire romain sous Théodose (édits de 380 et 391-92), qui ordonna malheureusement la persécution des « païens », le christianisme s'imposa vite comme la religion majoritaire puis quasi exclusive des Égyptiens. L'ultime culte ancien, celui de la déesse Isis, s'éteignit peu après 450 dans le temple de Philae, bientôt transformé en église. S'ouvrait ainsi la période proprement « copte » de l'Égypte, marquée par une civilisation chrétienne originale, un art, une littérature, une tradition liturgique spécifiques au sein du monde byzantin. Cette spécificité se mua hélas en rupture théologique lorsque l'Église égyptienne, dans sa très grande majorité, rejeta les définitions christologiques du concile de Chalcédoine (451). Persécutée par les Byzantins pour motif d'hérésie, elle se replia dans un certain isolement jusqu'à la conquête arabe (641), qui intégra désormais l'Égypte dans l'espace musulman.

Le chrétien occidental doit aller à la rencontre de ce peuple, héritier des pharaons, premier-né du christianisme africain, opiniâtrement fidèle aux promesses de son baptême. Au-delà des vaines divisions et blessures de l'histoire, au-delà du fossé culturel, il doit le reconnaître comme un frère aîné dans la foi, qui beaucoup lui a donné et beaucoup peut lui apprendre. Un des avantages que l'on gagne à connaître les Chrétiens d'Orient et, singulièrement, les Coptes, est de relativiser certains traits de notre tradition « catholique romaine » et d'apprécier quelques trésors mieux préservés par les Églises orientales. S'agissant des Coptes, je prends un exemple qui me tient à cœur : dans la tradition copte du baptême, l'enfant est coiffé, après la cérémonie, d'une petite mitre appelée *taylassân*, identique à celle que le prêtre porte lorsqu'il célèbre l'eucharistie. Manière d'illustrer le « sacerdoce commun des baptisés », une conception du peuple de Dieu que l'Église catholique a pour sa part trop longtemps mise sous le boisseau et qu'elle n'a redécouverte qu'à la faveur du concile Vatican II. Sait-on, par ailleurs, que l'usage d'élever les mains lors de la prière du « Notre Père », adopté par de nombreux fidèles chez nous, est inspiré par le christanisme copte, qui l'a continûment conservé depuis l'antiquité ?

Les « Fils des Pharaons ». Les Coptes s'honorent d'être les authentiques descendants de l'antique nation pharaonique et les dépositaires de son héritage culturel. À dire vrai, c'est la toute grande majorité de la population de l'Égypte actuelle qui descend de l'ancienne race, chrétiens et musulmans confondus. Les apports ethniques extérieurs (Grecs, Juifs, Levantins, Arabes, Turcs, Nubiens) ont été limités. Pour s'en convaincre, il n'y a qu'à comparer les types humains que présentent les Égyptiens d'aujourd'hui avec ceux que montrent les bas-reliefs, les statues ou les peintures de l'âge pharaonique : l'identité est significative. Le pape[148] copte Jean XIX, patriarche d'Alexandrie de 1928 à 1942, souffla un jour avec malice au premier ministre Nahas Pacha, auquel il reprochait son manque de considération pour ses concitoyens chrétiens : « *Vous êtes tous des Coptes, au fond…* ».

Il est cependant vrai qu'entre la culture copte et celle de l'ancienne Égypte, il y a des liens plus particuliers. En premier lieu, la langue copte, conservée dans la liturgie, est l'héritière de l'égyptien pharaonique, et sa connaissance fut un atout décisif pour Jean-François Champollion lorsqu'il perça en 1822 le secret des hiéroglyphes. Le copte a été parlé par les Chrétiens d'Égypte

[148] Archevêque et patriarche d'Alexandrie, le chef de l'Église copte « orthodoxe » porte aussi traditionnellement le titre de « pape », dont en Occident l'évêque de Rome s'est réservé l'exclusivité à partir du VIe siècle.

jusqu'au XIIIe siècle, puis devint une langue morte à mesure que l'islamisation croissante mais partielle du pays alla de pair avec son arabisation complète. Soit dit en passant, cette langue est celle qui, dans toute l'histoire de l'humanité, est attestée par une documentation originale sur la plus longue période de temps, puisque les premières sources connues datent de la fin du IVe millénaire avant notre ère ! Il est fascinant de penser que quand on entre dans une église copte aujourd'hui, les mélopées liturgiques sont comme de lointains échos des chants qu'entonnaient les bâtisseurs des pyramides…

D'autres legs de l'antiquité peuvent être repérés. Certes, l'apparition et la croissance du christianisme, ont marqué une rupture radicale avec le passé. Il ne faut pas surestimer l'importance des apports du passé pharaonique qui auraient survécu à cette fracture. Mais il y en a incontestablement. L'un d'entre eux est particulièrement frappant : la « croix de vie » des anciens Égyptiens, dite « croix ansée » ou « croix ânkh ☥ », a été adoptée par les Coptes comme croix chrétienne : cela s'explique par l'analogie formelle entre les deux symboles et par leur commune portée, puisque la croix du Christ a été l'instrument de la victoire de la vie sur la mort. C'est un cas extrêmement rare et très suggestif de transmutation d'un symbole « païen » en un symbole chrétien…

On s'est par ailleurs demandé, plus essentiellement, si la religion de l'Égypte pharaonique n'avait pas préparé la voie au christianisme introduit de bonne heure dans la vallée du Nil. *« Plus religieux de beaucoup que le reste des hommes…* », avait écrit Hérodote des Égyptiens au Ve s. av. J.-C. (*Histoires* 2, 37). Cette religiosité profonde est restée une constante de la mentalité égyptienne, jusqu'à nos jours. Le peuple égyptien est religieux par instinct, parfois jusqu'à l'excès. Que le christianisme ait profité de cette propension naturelle, ce n'est pas douteux. La civilisation égyptienne fut en outre la première à proclamer avec force, dès le IIIe millénaire avant notre ère, que la mort n'est pas une fin. La croyance en la survie individuelle et en la participation du défunt à l'être même des dieux était l'un des piliers majeurs de la religion. Alors que, rappelons-le, dans le monde sémitique, les religions de la Mésopotamie et même la religion juive antique ne voyait à l'horizon de la destinée humaine que la mort ou, au mieux, une piètre survivance sur un mode léthargique. L'immortalité, conditionnée par le verdict du tribunal d'Osiris, le dieu mort et ressuscité, paradigme de la résurrection promise à chacun (ce qui n'est pas sans faire penser à la figure du Christ), équivalait dans l'Égypte ancienne à une véritable « divinisation » semblable à la *théôsis* qui sera chère aux Pères de l'Église. Entre cette croyance et la vision chrétienne des fins dernières, il y avait évidemment une heureuse conjonction qui a pu favoriser l'accueil fait à l'Évangile. Nourri d'une vision positive d'un monde harmonieusement régi par une loi divine d'équilibre (la *Maât*), l'Égyptien avait développé une éthique qui rejoignait, en bien des aspects, la sagesse de l'Ancien Testament et la charité évangélique.

LES COPTES ET LE MYSTÈRE DU CHRIST

Dans beaucoup d'ouvrages de vulgarisation, il est encore commun de parler d'Église « monophysite » lorsqu'il s'agit des Coptes, qui, eux-mêmes, revendiquent d'être « orthodoxes ». C'est une terminologie léguée du passé, née des dissensions engendrées par le concile de Chalcédoine (451). Il faut l'abandonner car elle laisse erronément croire que les Coptes ne partageraient pas la même foi que nous dans le même Jésus-Christ, vrai homme et vrai Dieu. Elle sous-entend que l'Église d'Égypte ne reconnaîtrait que la divinité du Sauveur, non sa pleine humanité.

On n'en finirait pas de citer les textes de la liturgie, des patriarches et des théologiens coptes prouvant que l'Église copte confesse la même foi que les Églises dites chalcédoniennes : Jésus-Christ, le Verbe de Dieu inhumané, est parfaitement homme et parfaitement Dieu, en une parfaite union sans confusion. La liturgie copte de saint Basile le proclame solennellement dans la prière préparatoire à la communion : « *Je crois, je crois, je crois. Et je confesse jusqu'au dernier soupir que cette eucharistie est le Corps vivifiant de Ton Fils unique, Notre-Seigneur, notre Dieu et sauveur Jésus-Christ. Il l'a pris de Notre-Dame et Reine, Sainte Marie, Mère de Dieu. Il l'a fait un avec sa divinité, sans mélange, sans confusion, et sans changement… Je crois, en vérité, que sa divinité n'a jamais été séparée de son humanité, même l'espace d'un moment ou d'un clin d'œil* ». En 1973, cette dernière image, très forte, a été reprise dans la déclaration christologique commune qu'ont signée le pape de Rome Paul VI et le pape copte d'Alexandrie Shenouda III, soulignant qu'au lendemain de Chalcédoine, les deux Églises s'étaient séparées pour des motifs d'incompréhension mutuelle mais qu'elles partageaient en réalité la même foi dans le même Christ. Une expression de cette foi copte en la pleine humanité du Christ – injustement suspectée dans le passé – se trouve dans un texte qui m'est particulièrement cher : l'homélie sur *Les Noces de Cana* due à Benjamin, pape et patriarche d'Alexandrie de 626 à 665, contemporain de la conquête arabe de l'Égypte. Il y médite longuement sur la joie qui a dû étreindre Jésus lorsqu'il a comblé de vin les jeunes mariés de Galilée et y voit une illustration de sa profonde humanité. Pour moi qui ai eu dans le passé, au collège, un professeur de religion un peu janséniste insistant gravement sur le fait que *« le Christ ne rit jamais dans l'Évangile »*, cette homélie a une résonance particulière. Si le rire est le propre de l'homme, pour sûr que Notre Seigneur a ri dans sa vie terrestre, comme il a pleuré de toutes ses larmes d'homme devant le tombeau de son ami Lazare ! L'homélie du pape copte Benjamin est, à ma connaissance, l'un des rares textes chrétiens a avoir parlé du rire de Jésus. Pas mal pour le chef d'une Église prétendument « monophysite » qu'on a longtemps accusée de ne croire qu'en la seule « nature divine » du Seigneur !

Un christianisme viscéralement égyptien, populaire et ancré dans la tradition. Le copte est avant tout un Égyptien et porte cette identité dans son nom : en effet, le mot « copte », transcription de l'arabe *qibt*, n'est qu'une abréviation du grec *Aigyptios*, « Égyptien ». Son attachement au terroir natal est viscéral. Voilà pourquoi, jusqu'à récemment, l'émigration était un phénomène rare parmi les Chrétiens d'Égypte. Si elle s'est accentuée ces dernières décennies, c'est en raison de la gravité extrême des discriminations souffertes par les Chrétiens ou par l'insupportable dégradation de la réalité socio-économique du pays. « *L'Égypte, c'est notre cantique...* », a écrit un jour l'ancien pape Shenouda III.

Le second caractère de l'identité copte, c'est sa fidélité à la foi chrétienne. En sont témoins les petites croix tatouées que les Coptes portent avec fierté sur le poignet, la fréquentation assidue des offices et le respect des jeûnes et abstinences, malgré le rythme et les contraintes du monde moderne. Le Copte est religieux. Et sa foi est surtout « verticale », tournée vers le sacré, l'Orient de Dieu et la tradition de l'Église. L'Église copte est conservatrice. Un peu trop, déplorent certains, qui, en son sein même, réclament un souffle de modernité. Mais la plupart des Coptes souscrivent à ce que disait Shenouda III en 1972 : « *La religion est faite de respect des traditions... Cela ne nous empêche pas de faire droit aux besoins de l'époque, sans abandonner pour autant le caractère spirituel que nous avons reçu de nos pères... On est en droit de se montrer très réticents devant les initiatives de renouveau et de changement où certains vont trop loin au point de perdre leur identité et leur histoire. Certes, l'Église peut emprunter à notre époque ce que celle-ci possède de bien et au progrès ce qui correspond à ses valeurs spirituelles, mais on ne peut permettre que le progrès se réalise aux dépens de ces valeurs...* ».

L'extrême piété du peuple copte, dans un contexte de confrontation avec un islam de plus en plus radical, ne va pas sans favoriser des attitudes relevant d'un christianisme qu'on peut juger fort peu « critique » ou « adulte » : foi irréductible au surnaturel et aux miracles surabondants[149], culte effréné des saints, des martyrs surtout, fréquentation assidue des interminables liturgies et des monastères, foules pléthoriques rassemblées lors de pèlerinages *(mouled-s)* où s'exprime une vive exaltation identitaire. Encouragée par la hiérarchie et par un clergé omniprésent, cette « foi du charbonnier », admirable à certains égards, concourt à nourrir chez les Coptes le sentiment d'être un peuple de martyrs et de saints retranchés dans une citadelle assiégée. Comparée à celle d'autres Églises du monde arabe, la production théologique de l'Église copte contemporaine est souvent d'un passéisme déconcertant. Ainsi, l'exégèse critique est-elle généralement jugée nocive et sacrilège. Le rapport qu'entretiennent les Coptes avec l'Écriture est du même ordre que celui des Musulmans avec le Coran. La Bible est considérée comme la Révélation de la Parole de Dieu pour ainsi dire à l'état brut, intangible. Une approche étroitement littéraliste et puritaine, en grande partie héritée du fondamentalisme de la *Church Missionary Society* anglaise qui œuvra beaucoup au « renouveau biblique » dans l'Église copte à partir du pontificat de Cyrille IV (1854-61).

---

[149] Le récent et succulent film de Namir ABDEL MESSEEH, *La Vierge, les Coptes et moi*, jette un regard plein de tendresse critique et amusée sur ce phénomène, cristallisé autour des apparitions mariales.

Les Coptes ont-ils été persécutés dans l'Égypte musulmane d'autrefois ? Après la conquête arabe (641), la coexistence entre l'islam dominant et le christianisme devenu progressivement minoritaire a été plutôt satisfaisante. L'islamisation fut plus lente qu'on ne le croit généralement et peu coercitive : ce n'est, semble-t-il, que dans le dernier tiers du Xe siècle que les Chrétiens devinrent moins de 50 % de la population. Longtemps encore, certaines régions restèrent majoritairement chrétiennes, ce qui est tout à l'honneur de la relative « tolérance » des maîtres musulmans. Mais il convient de ne pas trop idéaliser le tableau. Il est incontestable que n'ont pas manqué les périodes de tension où les discriminations vécues par les Chrétiens se sont durcies et parfois cristallisées en douloureuses violences. L'époque la plus dure fut certainement le début des temps mamelouks, au XIVe siècle : sociologiquement, cela se peut comprendre, car c'est alors que les Chrétiens sont devenus vraiment minoritaires, passant sans doute en dessous de la barre des 30 % voire des 20 %, et dès lors plus facilement exposés à la vindicte populaire, notamment lorsque la prospérité sociale ou économique de certains d'entre eux était considérée comme un insupportable scandale. Ainsi en 1320, année qui fut désastreuse pour les Chrétiens : partout dans le pays, une populace fanatisée se mit à les attaquer. Des dizaines d'églises et de monastères furent détruits pendant plus de trois semaines d'émeute, au Caire, à Alexandrie, à Damiette, à Qoûs. Au total, c'est tout le XIVe siècle durant que les Coptes furent victimes de graves flambées de violence à répétition, dans lesquelles d'aucuns voient l'influence des idées d'Ibn

Taymiyya (1263-1328), un des maîtres à penser des islamistes de notre époque.

Les violences de grande intensité ont cependant été plutôt rares en dehors de ce siècle difficile. Généralement, les tensions eurent une tournure beaucoup plus modérée. Prenons par exemple un événement survenu en 1734 et rapporté par Febe Armanios dans son excellent ouvrage sur les Chrétiens d'Égypte à l'époque ottomane[150]. En raison de nouvelles taxes imposées aux Chrétiens, un millier de Coptes manifestèrent sur la place Rumayla au Caire. La famine qui régnait alors empêchait la plupart de satisfaire aux exigences du fisc. Ce fut le plus important mouvement chrétien de protestation jamais enregistré en Égypte à l'époque ottomane. La soldatesque intervint brutalement pour le réprimer. Cet incident n'est pas sans faire penser à la répression de la manifestation des jeunes Coptes du quartier de Maspero, le 9 octobre 2011. Le déroulé est presque identique, à la différence de taille près qu'en 1734, il n'y eut que deux malheureuses victimes, tandis qu'en 2011 le solde a été beaucoup plus lourd : 27 Coptes tués, la plupart écrasés par les chars de l'armée, environ 320 blessés graves. Le coût relativement faible en vies humaines des violences perpétrées contre les Coptes dans le passé est souvent insuffisamment relevé par les « historiens » enclins à dramatiser ce que fut le destin des Chrétiens d'Egypte sous le joug du Croissant. Ainsi, Febe Armanios reconstitue avec précision le martyrologe des Coptes qui, au XVIe

[150] ARMANIOS, Febe, Coptic Christianity in Ottoman Egypt, Oxford University Press, 2011, p. 18.

siècle, furent trucidés ou exécutés. Mais, au total, elle ne parvient à aligner qu'une grosse dizaine de noms. Dans un compte rendu que j'ai fait de ce livre, j'ai souligné qu'à tout prendre, j'aurais préféré être un Copte au Caire vers 1572, qu'un Huguenot à Paris à la même époque. L'Égypte n'a pas connu de Saint-Barthélemy, et les violences interreligieuses dans ce pays n'ont jamais causé les centaines de milliers de victimes que les guerres de religion ont faites en Europe occidentale, chez les Protestants comme chez les Catholiques, au XVIe siècle.

LES COPTES DANS L'ÉTAT POST-NASSÉRIEN MINÉ PAR L'ISLAMISME : LE RISQUE DU REPLI IDENTITAIRE

Depuis le début des années 1970, l'Égypte, comme la plupart des autres pays du Proche-Orient, a connu un processus de « réislamisation » plus ou moins radical. La rhétorique islamiste a tiré parti de la pauvreté et des inégalités persistantes aggravées par un régime dictatorial et prédateur pour mettre en relief la faillite des modèles d'importation (libéral, socialiste ou marxiste) et en appeler, pour sortir de la misère, à l'application intégrale des principes de l'islam. Lorsqu'elle s'est radicalisée en raison de la répression, l'action des islamistes s'est notamment traduite par de nombreuses violences contre les Coptes et par l'appel au rétablissement du régime de la *dhimma*, protection légale reconnue par la loi coranique aux « Gens du Livre » (Juifs et Chrétiens) mais aussi statut inférieur et discriminatoire dont on ne peut plus raisonnablement se satisfaire à l'aune de la modernité. Usant tantôt de la carotte, tantôt du bâton, politique louvoyante qui finit par coûter la vie au président Sadate (assassiné le 6 octobre 1981 par un officier islamiste), le régime post-nassérien fut impuissant à juguler cette montée en puissance de l'islamisme politique et en est finalement venu à favoriser lui-même une réislamisation feutrée du droit, de l'éducation, des médias et de nombreux autres aspects de la société. De plus en plus, l'État égyptien a en outre instrumentalisé la violence intercommunautaire pour justifier le dispositif coercitif qu'il entendait maintenir. En affichant résolument son identité islamique et en imposant de facto à la communauté copte un profil bas de sous-citoyenneté acceptée et profondément intériorisée, l'État, durant la période Sadate-Moubarak, a ainsi été le premier agent de la discorde interconfessionnelle ou intercommunautaire. C'est ce qu'a montré Laure Guirguis, dans son récent et admirable ouvrage *Les Coptes d'Égypte. Violences communautaires et transformations politiques (2005-2012)*. L'État, pour justifier son rôle comme prétendue instance modératrice et pacificatrice, fut en réalité le premier acteur de la discorde interconfessionnelle. En gros : *« j'alimente les clivages entre communautés pour mieux prouver que moi seul est capable d'assurer la concorde par la force ! »*. C'est l'État qui a maintenu les Coptes dans la posture d'une minorité subordonnée, à laquelle il était demandé de faire allégeance totale au pouvoir et de reconnaître en celui-ci le seul « protecteur » efficace de la paix intercommunautaire. Le statut médiéval de *dhimmis* avait ainsi été remplacé par une forme de domination et de minorisation plus insidieuse.

Dans le même temps, le pontificat de Shenouda III (patriarche de 1971 à 2012) a été marqué par un profond repli sur soi de la communauté copte, paradoxalement favorisé par l'intensification d'un renouveau spirituel de l'Église déjà bien engagé sous Cyrille VI (pape de 1959 à 1971) et dont les principaux traits sont le spectaculaire redressement des monastères, l'encadrement pastoral resserré de la communauté, la ferveur participative des fidèles, des formes nouvelles de vie consacrée active (notamment féminine) et l'engagement de nombreux laïcs au service (*khidma*) de l'Église dans une perspective sociale jadis ignorée. Exclus de l'exercice normal de la citoyenneté, les Coptes se sont de plus en plus réfugiés dans le cadre sécurisant mais aussi quelque peu inhibant de l'espace ecclésial. L'Église est devenue pour beaucoup la seule référence identitaire. Chez les laïcs, des voix de plus en plus audibles s'élevaient cependant, dans les derniers temps de Shenouda III, pour que la hiérarchie évolue vers moins de rigide obsession du passé, et contre l'autoritarisme patriarcal, revendiquant un rôle accru des laïcs dans la communauté. Celle-ci était en fait traversée par les mêmes lignes de fracture que celles sillonnant l'ensemble de la société égyptienne, qui se sont révélées pleinement au lendemain de révolution de 2011. Certains laïcs coptes sensibles aux aspirations de la modernité partagent davantage de valeurs avec les Musulmans « libéraux » qu'avec une majorité de Chrétiens obstinément soumis aux injonctions et au conservatisme de l'Église.

Une Église dans un contexte égyptien bouleversé. Pas plus que d'autres, Shenouda III n'a vu venir la lame de fond qui a emporté Moubarak. Et quand la révolution a éclaté, fin janvier 2011, il a malheureusement soutenu le régime, brandissant la crainte d'une prise de pouvoir par les islamistes. Ce qui lui a valu les reproches parfois virulents sinon l'animosité de certains fidèles. Probablement le pape percevait-il mal, tout habité qu'il était par son modèle de société peu soucieux de la séparation entre le religieux et le politique, que l'incontestable « islamisation » des esprits dont il dénonçait les effets mortifères pour les Chrétiens, était alimentée par l'irresponsabilité d'une élite cupide et d'un régime incapable d'assurer la justice sociale et économique. Il ne comprenait pas que certains discours islamistes en appelant à la haine contre les Chrétiens faisaient mouche chez les innombrables laissés-pour-compte d'une société égyptienne trop longtemps confisquée par l'égoïsme d'un quarteron de nantis, d'autant que les Coptes sont sur-représentés dans certaines catégories sociales aisées (pharmaciens, médecins, bijoutiers) et que l'attentisme de la hiérarchie face au pouvoir honni, son mutisme devant l'iniquité régnant dans le pays donnaient à croire que les Chrétiens étaient les complices naturels du système. Sans doute Shenouda a-t-il trop été sensible à la rhétorique du régime Moubarak, qui n'avait de cesse d'invoquer le sacro-saint principe de l'« unité nationale » pour justifier ses actions répressives dès lors qu'il intervenait pour gérer un conflit intercommunautaire. Manière pour lui de ne pas admettre que la violence « confessionnelle » était aussi une forme d'opposition à sa légitimité et à l'« injustice nationale » dont il était le nourricier. La « question copte » était en fait un reflet exemplaire de la « question égyptienne », celle d'un pays où la religion – musulmane ou copte – devait prendre en charge ce que la société civile assume dans d'autres nations.

Mais progressivement, Shenouda III semble avoir entendu la voix de ceux de ses fidèles qui s'étaient associés à la révolution. Le 25 janvier 2012, alors qu'il s'était rendu à Cleveland, aux États-Unis, pour un ultime traitement hospitalier, le pape avait précisé, dans une homélie télévisée : *« La révolution doit être considérée comme l'un des événements majeurs de l'histoire de l'Égypte. Elle est une révolution pacifique et elle a lancé des principes auxquels nous croyons tous. Nous souhaitons qu'elle continue à être pacifique et qu'elle réalise ses objectifs, de sorte que l'Égypte retrouve sa place centrale dans le Moyen-Orient »*.

Le nouveau pape Tawadros II, élu le 4 novembre 2012, présente un profil très différent de Shenouda III. Ce qui a frappé d'emblée chez lui, c'est un grand désir d'humilité, de douceur, de paix qui contraste avec la personnalité plus expansive et dominante de Shenouda III. Plusieurs de ses premières initiatives ont révélé un souci du dialogue œcuménique avec les autres Églises, vis-à-vis duquel son prédécesseur se montrait frileux. Tawadros II fait en outre montre d'un grand souci de convivialité islamo-chrétienne, ce souci qui a tant animé la révolution de janvier 2011, où l'on vit se multiplier les affiches et les drapeaux exhibant le symbole du croissant de l'islam embrassant la croix chrétienne, jadis popularisé par le parti nationaliste Wafd. Un esprit de consensualité exprimé par les jeunes de la place Tahrir, qui augurait tellement bien du mouvement révolutionnaire en cours, avant que les stratégies islamistes relayées par le verdict des urnes ne viennent ternir l'élan et confirmer le danger de voir trahis les idéaux de citoyenneté portés par la rue. Évoquant cet esprit de convivialité interreligieuse qui est selon lui l'âme de l'Égypte, Tawadros aime à s'inspirer de l'analogie entre les obélisques pharaoniques, les clochers chrétiens et les minarets musulmans qui élèvent de concert la prière des croyants vers le ciel, mais en surgissant du sol où sont les vivants, avec leurs peines, leurs travaux et leurs soucis très humains de tous les jours.

Au lendemain de la chute des Frères musulmans, une communauté copte attentiste. À l'origine, la révolution de 2011 fut motivée par un vrai idéal de citoyenneté et les islamistes n'y jouèrent pas un rôle prépondérant. Mais la logique strictement mathématique d'élections enfin libres, fin 2011-début 2012, a donné le pouvoir à une majorité islamiste écrasante dont il apparut rapidement que le « projet citoyen » s'apparentait en fait à une islamisation tous azimuts. L'élection à la présidence de Mohammed Morsi (juin 2012) et la révision de la Constitution se référant excessivement à la *shari'a* traduisirent bientôt une véritable volonté d'O.P.A. des Frères musulmans sur toute la société. Ce qui suscita le grand mouvement populaire d'opposition *Tamarrod* qui, rassemblant des millions de citoyens, Musulmans comme Chrétiens, allait entraîner la chute de Morsi.

Au lendemain de la destitution de celui-ci par l'armée (3 juillet 2013), les Coptes ont été les cibles de la rancœur des Frères musulmans et de leurs partisans. Dans la mesure où le pape Tawadros II avait approuvé l'intervention des militaires, les Frères ont accusé les Chrétiens d'avoir été à l'origine du coup d'État. Dès juillet 2013 des représailles très violentes ont touché la communauté copte. Elles se sont multipliées après que, le 14 août, l'armée eut écrasé sans ménagement le dernier carré des pro-Morsi qui résistaient à la place Rabi'a al-Adawiyya, avec une brutalité meurtrière dont certains voudront faire payer le prix aux Coptes. Près de 80 églises furent incendiées, des centres communautaires saccagés, des Chrétiens victimes de brutalités physiques, quelques-uns assassinés... Depuis, la tension reste vive et il ne se passe pas une semaine sans qu'on signale l'une ou l'autre violence, meurtre à connotation religieuse, kidnapping, etc.

Aussi, pour la grande majorité des Coptes, le maréchal Abdel Fattah al-Sissi, le tombeur de Morsi, apparaît comme le sauveur, celui qui a empêché les Frères musulmans de faire main basse sur toute la société égyptienne, avec tout ce que cela comportait de dangers pour les Chrétiens... Dans le contexte actuel, c'est en fait une majorité des Égyptiens qui se résignent à considérer le recours à l'armée comme un moindre mal. Mais beaucoup observent avec inquiétude le retour des mauvaises habitudes de l'ancien régime, notamment la brutalité de l'appareil policier et le caractère expéditif de la justice, qui ne frappe pas seulement les islamistes irrédentistes mais aussi les jeunes laïcs qui osent manifester... Les jeunes qui ont participé aux journées d'espérance de la place Tahrir, seront prêts à reprendre la lutte pour une société vraiment démocratique et citoyenne dès lors que le régime Sissi s'orienterait vers un profil excessivement autoritaire et reviendrait pour ainsi dire à la case de départ… Même et peut-être surtout pour les Coptes, le mouvement initié en 2011 ne peut être enterré. Lorsqu'il a été élu pape en novembre 2012, Tawadros II a clairement fait savoir qu'il se mêlerait moins de politique que son prédécesseur Shenouda III, laissant aux laïcs la responsabilité de leur engagement citoyen. Mais il a dû monter un peu malgré lui au créneau dès décembre 2012 pour s'opposer à la Constitution à la saveur très islamiste que firent passer en force les Frères musulmans, puis pour soutenir la destitution de Morsi en juillet 2013 et enfin lors du référendum pour la nouvelle Constitution en janvier dernier. *« Je ne peux pas rester muet quand le bien du pays est en jeu ou quand la population tout entière est dans la rue »*, avait-il déclaré. Mais lors des élections présidentielles, fin mai 2014, il a choisi de ne pas interférer dans le choix des Chrétiens. Il s'est refusé à indiquer une quelconque préférence entre les deux candidats en lice et a enjoint au clergé d'en faire autant. Il y a chez lui une volonté sincère de retirer petit à petit l'Église du champ politique, où elle a été naguère trop présente…

Pour l'heure, comme tous les Égyptiens, les Coptes attendent d'abord de la nouvelle équipe dirigeante qu'elle remplisse leurs ventres, c'est-à-dire l'amélioration d'une situation économique épouvantable. Il y a aussi une grande aspiration à plus de justice sociale. Et puis, bien sûr, tous souhaitent le retour à la sécurité au quotidien, la fin des violences et de la dérégulation sociale… Beaucoup appellent aussi de leurs vœux un audacieux programme de revalorisation de l'éducation. Toutes choses qui seraient de nature à faire reculer l'ignorance aveugle, qui est souvent à la source de la haine interreligieuse.

Dans un monde arabo-musulman à la croisée des chemins, la sortie du ghetto communautaire, l'engagement massif des Coptes dans la vie sociale et politique égyptienne, et la non-soumission de l'Église aux politiques gouvernementales demeurent tributaires de la construction d'un État de droit, doté d'institutions qui ne véhiculent pas une idéologie identitaire. Ce sont les défis majeurs que pose la question des minorités dans l'ensemble du monde arabe contemporain, où l'islam, fragilisé par la domination hégémonique même qu'il exerce, semble incapable de sortir de la logique communautaire pour garantir à tous une égalité citoyenne conforme aux exigences de la modernité.

Le discours qu'a adressé le président Sissi au nouveau pape copte, Tawadros II, et à l'imam d'al-Azhar, Ahmed al-Tayyeb, lors de sa prestation de serment, va dans le bon sens. Le président a en effet salué le rôle important qu'a joué l'Église dans la sauvegarde de l'unité nationale depuis 2011, déclarant qu'avec l'Université d'al-Azhar, elle peut apporter une contribution précieuse afin de libérer le discours religieux des manipulations qu'il a subies au cours de ces dernières décennies. Serait-il possible que s'ils s'astreignent à prendre réellement en compte les acquis irréversibles de la révolution de 2011 et les aspirations d'un très grand nombre d'Égyptiens à une réelle citoyenneté moderne, les militaires désormais au pouvoir parviennent à créer un nouveau climat socio-politique et culturel allant à contre-courant d'une très longue tradition d'instrumentalisation des relations interreligieuses par l'État, objectivement complice de leur traduction en termes de violences ? Sans excès d'espérance naïve, avec un optimisme prudentissime, c'est tout le bien qu'on peut souhaiter aux Chrétiens et aux Musulmans de la vallée du Nil. Comme l'a écrit le P. Jean-Jacques Pérennès, de l'Institut Dominicain d'Études Orientales du Caire, dans une remarquable analyse confiée à *La Croix*, le 23 août 2013, *« l'épisode dramatique [de juillet-août 2013] sera peut-être considéré dans quelques années comme la première étape de l'invention par un peuple à majorité musulmane d'un avenir post-islamiste. Si cela se confirmait, il s'agirait pour l'Égypte et toute la région d'une immense bonne nouvelle qui mérite mieux que des jugements hâtifs »*. Reste que les plaies ouvertes par la répression brutale des islamistes ne se panseront pas de sitôt, tant dans la communauté copte profondément meurtrie par ces exactions, que dans les milieux islamistes écrasés, humiliés et inévitablement poussés à la plus extrême radicalisation. Et il y a aussi cette inquiétude que suscite tout de même le rôle prépondérant tenu par l'armée dans la nouvelle donne, tant il est vrai que la construction de la paix sociale a rarement été la vocation des généraux.

En ayant appuyé la prise de pouvoir du maréchal al-Sissi et le retour partiel des anciens appareils étatiques, les Coptes risquent-ils de retomber dans l'inhibition politique et sociale d'une minorité « protégée » par un État en fait nourricier de leur ségrégation, ou bien la culture du débat et l'aspiration à la citoyenneté initiées par les événements de 2011 ont-elles imprimé à leur dynamique identitaire un élan à même de leur donner la force de sortir de cette ambiguïté, dont sont d'ailleurs victimes d'autres communautés chrétiennes du Proche-Orient, au premier rang desquelles les Chrétiens de Syrie ?

ENTRETIEN AVEC LE MINISTRE DES AFFAIRES ÉTRANGÈRES LUXEMBOURGEOIS À PROPOS DE LA TERRE SAINTE

Dans un entretien en date du 3 août 2021, Monsieur Jean Asselborn, Ministre luxembourgeois des Affaires étrangères et européennes, de l'Immigration et de l'Asile, a répondu à une série de questions pour la Conférence Saint-Yves concernant la situation actuelle en Terre sainte.

QUESTIONS SUR LE PROCESSUS DE PAIX

Question de William Simpson pour la Conférence Saint-Yves (CSY) : ***Monsieur le Ministre, que faut-il faire pour construire la paix entre Israël et la Palestine ?***

Jean Asselborn (JA) : De nos jours il y a une certaine tendance à présenter ou à percevoir le conflit entre Israël et la Palestine comme éternel et inextricable, alors qu'en réalité, la voie pour la paix a été tracée il y a longtemps. Les accords de Camp David ont été signés en septembre 1978, il y a plus de quarante ans.

Ce premier accord de paix israélo-arabe avait comme base le principe *« land for peace »*, qui demeure la base d'un futur accord de paix israélo-palestinien. Le processus d'Oslo, qui a démarré en 1993, a confirmé l'idée que la terre située entre la Méditerranée et le Jourdain puisse être partagée. En somme, ni une folie, ni une utopie, mais une paix juste. En décembre 2016, le consensus international en faveur d'une solution à deux États a été souligné une fois de plus par le Conseil de sécurité, lorsqu'il a adopté la résolution 2334.

La solution à deux États, avec un État palestinien souverain dans les frontières de 1967 avec Jérusalem comme capitale partagée, est ancrée dans le droit international et représente la seule solution juste, viable et durable. Or, sa viabilité est érodée par la colonisation, les démolitions, les confiscations et les déplacements forcés, tous illégaux au regard du droit international, en particulier la quatrième Convention de Genève. C'est à nous de la défendre et de nous engager avec les dirigeants des deux parties, ainsi qu'avec les peuples au sens large avec le concours de la communauté internationale, pour la mettre en œuvre.

CSY : ***Est-ce que l'Union européenne offre un échelon pertinent dans le processus de paix ? Est-ce que l'utilisation des voies légales internationales est pertinente ?***

JA : Oui, l'Union européenne a certainement un rôle important à jouer dans le processus de paix, puisque nous sommes le premier partenaire commercial d'Israël et le premier pourvoyeur de coopération au développement et d'aide humanitaire à la Palestine. Seulement, depuis 2016 – l'année qui a secoué les principes du multilatéralisme – nous ne sommes plus capables d'assumer nos responsabilités en faveur du respect du droit international et en faveur de la paix et de la stabilité dans notre voisinage. Il y a pour le moment de grandes divergences au sein de l'Union européenne, renforcées par les décisions irresponsables de l'administration Trump sur Jérusalem et le Golan, et par un alignement des intérêts d'Israël et des États arabes du Golfe face à l'Iran, leur ennemi commun. La désunion parmi les Européens cause des blocages et empêche l'Europe de jouer le rôle politique qui lui revient. Or, l'Europe ne peut pas être cantonnée au rôle de simple *« payer »*. Elle ne peut être réduite à devoir payer et prier pour une solution, *« to pay and pray »*. Elle doit affirmer sa position de *« player »*.

Le Luxembourg, avec d'autres États membres, continue de plaider pour des initiatives diplomatiques européennes, et nous nous engageons pour l'élaboration de positions communes européennes fortes, respectueuses du droit international. L'Europe doit utiliser tous les moyens financiers et politiques disponibles afin de contribuer à la relance d'un processus de paix digne de ce nom. Par le passé, l'Europe a considérablement œuvré à faire évoluer les normes internationales qui permettraient une résolution politique du conflit.

Afin d'atteindre la paix, il est nécessaire de mettre fin à l'impunité des violations des droits de l'homme et du droit international humanitaire dans le Territoire palestinien occupé. Ce n'est pas anodin. Quand les ONG comme *Human Rights Watch* et *B'Tselem* accusent Israël du crime d'apartheid, c'est d'un crime contre l'humanité qu'on parle. Selon le Rapporteur spécial de l'ONU Michael Lynk, la politique de colonisation israélienne constituerait un crime de guerre. Au moins 66 enfants et 40 femmes ont été tués lors du plus récent conflit à Gaza. Pour répondre à votre deuxième question, je dirais donc oui, l'utilisation des voies légales internationales est tout à fait pertinente. Or, cette question va au-delà du conflit entre Israël et la Palestine. Comme vous le savez, le droit international n'est pas un menu dont on peut choisir le contenu en fonction de ses propres préférences. Il nous protège tous, et il protège à plus forte raison les plus faibles. Je continue à plaider pour *« la force de la loi »* et contre *« la loi du plus fort »*.

QUESTIONS SUR LA POLITIQUE ÉTRANGÈRE DU LUXEMBOURG

CSY : ***Pourriez-vous nous expliquer s'il existe des relations spéciales entre le Grand-Duché du Luxembourg et la Palestine ?***
Et quelles sont les raisons historiques derrière ces relations ?

JA : Le Luxembourg et la Palestine entretiennent en effet de très bonnes relations. Sur le plan diplomatique, on peut noter le rôle important joué par Gaston Thorn au début des années 1980, suite à la Déclaration de Venise. En 1980, il était le premier haut représentant de la CEE à avoir une entrevue officielle avec Yasser Arafat. Dans les années 1990, Jacques Poos s'est rendu plusieurs fois en Palestine, et Yasser Arafat a effectué une visite de travail à Luxembourg en 1997. Pendant ce même temps, des premiers projets de coopération ont été mis en place avec Gaza, dans le domaine de la gestion de l'eau et de l'agriculture. Il faut savoir que l'aide au développement du Luxembourg en Palestine est essentiellement acheminée via la société civile, et que plusieurs ONG luxembourgeoises mènent également des projets en Palestine. Ainsi s'est tissée, au fil des années, une amitié entre la Palestine et le Luxembourg qui perdure jusqu'à nos jours et qui s'ajoute à notre amitié avec le peuple israélien. Le Président Abbas a visité le Luxembourg en février 2015 et j'ai pu me rendre en Palestine à maintes reprises.

CSY : ***Le Luxembourg appartient-il à la « vieille Europe » ? Celle qui pélerine en Terre sainte depuis plus d'un millénaire (certaines villes germaniques envoyaient des pèlerins annuellement à Jérusalem au Moyen Âge, le Consulat français de Jérusalem dispose encore des responsabilités religieuses, ...). Est-ce que le Grand-Duché s'inscrit également dans cette histoire ? Est-ce que cela donne une responsabilité spéciale au Grand-Duché ?***

JA : Il va sans dire que, dans l'histoire de l'État luxembourgeois, l'Église catholique et la tradition religieuse de la population ont joué un rôle important. Bien sûr, notre société, l'État et l'Église ont évolué depuis l'émergence du Grand-Duché au XIXe siècle et je ne saurais dire si, aujourd'hui, nous faisons toujours partie de ce qu'on appelle la *« vieille Europe »* ou non. En tout cas, la Terre sainte, avec Jérusalem, ville sainte pour les trois religions monothéistes, garde une grande importance pour nos concitoyens chrétiens, dont certains organisent régulièrement des pèlerinages à Jérusalem et participent ainsi à une tradition millénaire. Il faut cependant noter que, contrairement à d'autres pays européens, le Luxembourg n'a pas de consulat à Jérusalem.

Nous Européens avons une responsabilité historique envers les peuples israélien et palestinien, compte tenu du génocide commis contre les Juifs durant la Seconde Guerre Mondiale, et compte tenu de notre passé colonial.

QUESTIONS SUR LA VILLE DE JÉRUSALEM

CSY : ***Comment voyez-vous Jérusalem en 2050 ?***

JA : Je vois Jérusalem en 2050 comme une ville où tous les habitants partagent les mêmes droits, où personne ne doit craindre l'expulsion de son domicile, et où tous sont libres d'exercer leur culte. Jérusalem sera la capitale partagée d'Israël et de la Palestine.

CSY : ***Pensez-vous que Jérusalem pourrait devenir une ville internationale (corpus separatum sous un régime international spécial) ? ou la capitale de deux États ? ou sont-ce des utopies*** ?

JA : Il convient de rappeler que Jérusalem-Est est occupée par Israël depuis 1967. Selon les paramètres reconnus au niveau international pour la solution du conflit, Jérusalem doit devenir la capitale de deux États, Israël et la Palestine. Comme je disais : ce n'est ni une folie, ni une utopie. Or, encore une fois on constate qu'Israël vise à créer des faits irréversibles sur le terrain en appliquant la loi du plus fort. Par exemple, la construction de milliers logements pour colons dans la zone dite *« E1 »* couperait Jérusalem de la Cisjordanie et constituerait une barrière physique à la constitution d'un futur État de Palestine souverain, contigu et viable, dans les frontières du 4 juin 1967. La décision unilatérale de l'administration Trump de reconnaître Jérusalem comme capitale *« une et indivisible »* d'Israël ne facilite pas les choses.

CSY : ***Qu'est-ce qui vous a marqué le plus en vous rendant à Jérusalem (un symbole, une anecdote, un écrit, ...).***

JA : Lors de ma dernière visite à Jérusalem, en septembre 2019, j'ai eu l'occasion de visiter l'Institut pontifical Notre Dame - une structure appartenant au Vatican qui sert aussi d'hôtel pour les pèlerins, et qui est située à la frontière entre Jérusalem-Ouest et Jérusalem-Est, donc en *« terrain neutre »*. J'y ai rencontré des représentants de la société civile qui travaillent sur des projets de réconciliation et de justice transitionnelle pour arriver à une paix durable entre les Israéliens et les Palestiniens, et qui essayent également de développer de nouvelles idées sur le statut de Jérusalem. Ce lieu de rencontre et d'échange, en plein centre de Jérusalem, m'a marqué et m'a reconfirmé que c'est au niveau de la société civile que les bases de la paix sont posées.

QUESTIONS SUR LES CHRÉTIENS EN TERRE SAINTE

CSY : *L'ouvrage que nous avons rédigé porte sur « La présence chrétienne en Terre sainte », avez-vous des commentaires à faire sur la présence fragile des Églises chrétiennes en Terre sainte ? Sur la situation économique et sociale des Chrétiens d'Orient vivant en Terre sainte ?*

JA : Je suis très préoccupé par les attaques répétées contre les églises chrétiennes en Cisjordanie, dont notamment l'église de Toutes-les-Nations à Jérusalem. Ces incidents font partie d'une augmentation générale de la violence exercée par les colons, souvent en toute impunité. Les Chrétiens en Cisjordanie et à Gaza souffrent sous l'occupation tout comme leurs voisins Musulmans, seulement ils sont moins visibles car beaucoup moins nombreux. Pourtant, malgré sa petite taille, la communauté chrétienne joue un rôle indispensable dans la société palestinienne à travers ses hôpitaux et ses écoles, qui fournissent des services essentiels à la population et qui comptent parmi les plus grands employeurs.

Je voudrais en particulier mentionner le travail important effectué par la Société Saint-Yves à Jérusalem pour la protection juridique des Palestiniens en Terre sainte. Injustices et discriminations de toutes sortes, absence de permis pour entrer en Israël, démolition de maisons et d'écoles, confiscations de terres : tels sont les problèmes auxquels tous les Palestiniens doivent faire face au jour le jour. Fondée en 1991, grâce au patriarche latin de l'époque, Mgr Michel Sabbah, elle est la seule organisation catholique pour les droits de l'Homme en Terre sainte.

Il convient aussi de dénoncer les « *punitions collectives* » contre les Palestiniens, comme l'embargo contre Gaza, en place depuis 2007. Oui, chaque acte de violence doit être condamné, mais on ne peut pas punir toute une communauté de manière indiscriminée avec des conséquences socio-économiques injustifiables. Ces « *punitions collectives* » ne font que renforcer les extrémistes.

LISTE
DES CONTRIBUTEURS

ASSELBORN (Jean),
Ministre des Affaires étrangères et européennes et de l'Immigration et de l'Asile du Grand-Duché de Luxembourg.

CANNUYER (Christian),
Professeur à la Faculté de Théologie de Lille et Directeur de Solidarité-Orient/Werk voor het Oosten (Bruxelles).

DEVERS (Gilles),
Avocat au Barreau de Lyon et titulaire d'une habilitation à diriger des recherches à l'Université Lyon-3.

FORRESTER (Ian) QC,
Juge au tribunal de l'Union européenne de 2015 à 2020 et ancien (*elder*) dans l'Église d'Écosse.

FILONI (Fernando),
Cardinal et Grand-Maître de l'Ordre équestre du Saint-Sépulcre de Jérusalem.

FOY de (Emmanuelle),
Diplomate belge, Madame de Foy a été en poste au consulat du Royaume de Belgique à Jérusalem de 2002 à 2006.

HAPPOLD (Matthew),
Professeur en droit international public à l'Université de Luxembourg.

HOLLERICH (Jean-Claude),
Archevêque de Luxembourg depuis 2011 et nommé Cardinal en 2019 par le Pape François.

KASUJJA (Augustine),
Nonce apostolique pour le Luxembourg de 2016 à 2021.

LÜCKHOFF (Martin),
Pasteur dans l'Église évangélique en Allemagne et spécialiste de l'histoire de l'Évêché protestant à Jérusalem.

NACACHE (Alain),
Grand Rabbin du Luxembourg.

PAPASTATHIS (Konstantinos),
Professeur assistant à l'Université Aristote de Thessalonique et spécialiste de l'histoire du Patriarcat grec orthodoxe de Jérusalem.

SANCHEZ SUMMERER (Karène),
Maître de conférences à l'Université de Leiden et spécialiste de l'histoire de la Palestine mandataire et des mouvements missionnaires.

SIMPSON (William Lindsay),
Président de la Conférence Saint-Yves et coordinateur de cet ouvrage.

RÉSUMÉS DES CONTRIBUTIONS

Jérusalem dans la tradition juive. Jérusalem ou *Yerushalayim* en hébreu est souvent traduit en français par *« ville de la paix »* alors qu'il serait plus juste de traduire ce mot par *« la représentation intègre de l'Absolu »*. Le Grand Rabbin de Luxembourg, Alain Nacache, aborde la signification de ce terme mais aussi son importance dans la tradition juive. Ce chapitre est d'intérêt pour toute personne qui s'intéresse au judaïsme, à la tradition juive, mais aussi aux sources juives du christianisme.

Le Patriarcat grec orthodoxe de Jérusalem. Il s'agit de la plus ancienne entité ou Église chrétienne présente de manière continue en Palestine. L'historien Konstantinos Papastathis retrace l'histoire du Patriarcat en abordant l'épineuse question des Lieux saints (et du *Statu Quo*) et souligne le caractère national grec de cette institution et sa survie dans un contexte géopolitique contemporain complexe. Cette contribution est centrée sur l'histoire de l'Église orthodoxe et de ses tensions internes et externes notamment entre les mondes helléniques, arabes et slaves.

The protestant bishopric in Jerusalem. The foundation of the Prussian-English Bishopric in Jerusalem was a great turning point in the XIXth century history of the Holy Land. Above all, this project has shown that cooperation between two different Churches and countries was possible and can be shown still today as an example to all the Christian denominations. This chapter is of interest for any person interested in the history of the Evangelical and the Anglican Churches in the Holy Land.

La présence catholique en Terre sainte. Un nonce, une diplomate et une universitaire rappellent l'importance de la Terre sainte pour le Saint-Siège, la situation des Catholiques en Terre sainte aujourd'hui, et l'interconnexion qu'il existe entre les Catholiques européens et arabes de Terre sainte. Ce chapitre mêle considérations religieuses, diplomatiques, historiques et sociologiques en interpellant l'ensemble des Catholiques.

Le rétablissement du patriarcat latin de Jérusalem. Ce chapitre est plus particulier car il cherche à répondre à une question : Pourquoi l'Église catholique a rétabli le Patriarcat latin de Jérusalem en 1848 ? Et au même moment l'Ordre du Saint-Sépulcre ? Cette partie sera d'un intérêt particulier pour toute les personnes qui s'intéressent à l'histoire de la Palestine ottomane, à la présence catholique en Terre sainte au XIXe siècle, mais également aux origines de l'Ordre équestre du Saint-Sépulcre de Jérusalem (l'un des deux ordres pontificaux existant encore aujourd'hui avec l'ordre de Malte).

Le statut de Jérusalem au regard du droit international public. Quel statut juridique pour Jérusalem ? (Est-ce une ville ouverte ? La capitale d'un État ?) Et qu'est que l'on peut en faire aujourd'hui ? Un universitaire et un avocat répondent à ces questions qui nécessitent de revenir à l'histoire de la Palestine sous le mandat britannique, au « plan de partage » de 1947 et aux nombreux soubresauts qui ont lieu depuis.

Les Coptes, Chrétiens d'Égypte. De toutes les communautés chrétiennes du monde arabe, les Coptes sont les plus nombreux. Ils représentent la force vive du christianisme dans cette région qui l'a vu naître. Cette contribution retrace leur origine, leur croyance et les défis contemporains auxquels ils doivent faire face. Cette contribution sera d'un intérêt particulier pour qui s'intéresse à l'histoire et à la théologie des Chrétiens d'Orient mais également à l'histoire contemporaine égyptienne.

Entretien avec le Ministre des Affaires étrangères luxembourgeois à propos de la Terre sainte. Ce chapitre décrit la position du Luxembourg vis-à-vis de la Terre sainte. L'originalité de cet entretien vient du fait que le Luxembourg est un petit pays appartenant à la fois à la vieille Europe d'un point de vue géographique mais est en même temps une nation avec une existence étatique récente lui permettant de développer sa propre vision diplomatique.

Toutes les illustrations ont été effectuées par William Lindsay Simpson.

Imprimé en France - R_46660 - septembre 2022 - 14110 Condé-sur-Noireau
RapidBook, une marque du Groupe Corlet Imprimeur